1920년대 일본의 정당정치
- 성립과 쇠퇴의 논리 -

김종식

Publishing Corporation

머리말

　일본에서 정당과 정치가의 위상은 어느 정도인가? 1990년대 후반 일본에서는 버블경제의 해결이 정치·사회의 주요 이슈가 되고 있었다. 거의 같은 시기에 중의원 여당의원의 오직(汚職)사건과 중앙행정기관 과장급의 오직사건이 동시에 일어났다. TV와 신문은 연일 보도경쟁을 벌이고 있었다.
　사건의 경중은 정확하게 기억나지 않지만 신문은 중의원의원의 오직사건보다 중앙 행정기관 과정급의 오직사건을 더욱 크게 다루고 있었다. 필자는 당연히 중의원의원의 문제를 크게 다룰 것이라고 생각했는데 그렇지 않았다. 필자의 상식과 맞지 않는 일이었다. 이 사건을 계기로 일본사회에서 관료의 위상이 대단히 높다는 것을 다시금 확인하게 되었다.
　일본헌법에 의하면 최고 권력기관은 의회이고, 의회의 다수당이 내각을 구성하여 국정을 책임지는 의원내각제를 취하고 있다. 의회 중에서도 권력의 중심은 중의원이며, 중의원의원은 국민투표에 의해 뽑힌 국민의 대표이다.
　국민이 뽑은 중의원의원보다 국가를 원활히 운영하기 위해 고용한 관료의 부패사건이 일본 언론과 일반사회의 주목을 끄는 것은 왜일까? 일본국민이 중의원의원보다 관료를 더 신용하기 때문에 그들의 부패사건에 더욱 분노한 것은 아니었을까. 그 때까지 일본사회에서 중의원의원으로 대표되는 정치가는 신뢰받지 못하는 존재였지만, 관료들은 신뢰할 수 있는 존재로 인식되고 있었기 때문이기도 하다. 그렇다면 일본에서 정치가에 대한 불신과 관료들에 대한 신뢰는 언제부터 고착되었을까?
　명치유신(明治維新)에서 러일전쟁시기까지 명치유신의 실행과정에서 중심적인 역할을 수행했던 조슈(長州)와 사쓰마(薩摩)의 번벌(藩閥)이 국정의 지배권을 장악하고 있었다. 이 시기 정당정치가는 그다지 주목받지 못하는 존재였다. 1890년 만들어진 헌법은 천황중심의 지배 권력구조로 되어 있어, 국민대표기관인 의회와 정당은 한정된 권력을 지니고 있을 뿐이었다.
　러일전쟁을 전후한 시기부터 정당은 번벌과 정치권력을 분점하는 존재로 성장하였고, 정당내각을 구성하기에 이른다. 안정적인 정당내각은 1925년부터 1932년까지 이어졌다. 그 이후 군부와 관료의 대두로 정당은 정권의 주변을 맴돌 뿐 정권을 획득하지 못하였고, 1945년 패전을 맞이하였다.

일본 근대사에서 정당정치가 가장 화려한 모습으로 빛났던 시기는 1920년대를 전후한 시기이다. 이 시기는 현대 일본 정당정치의 원형으로 평가받고 있을 정도이다. 이 시기는 정당정치의 성공과 좌절을 동시에 보여주었다.

이 책은 1925년 정당이 정치권력의 중심을 차지하는 논리와, 1932년 이후 정당이 정치권력으로부터 멀어지게 되는 논리를 살펴보고자 한다. 특히 이러한 과정에서 일정한 역할을 수행한 관료에 주목하고자 한다. 필자는 이 책을 통해서 오늘날 일본 사회에서 정치가보다는 관료가 왜 더 신뢰받는 이미지를 구축하였는지에 대한 나름의 답변을 찾고자 하였다.

이 책의 출발은 두 번에 걸친 석사학위 취득논문과 관련이 있다. 한국에서 1925년 남자보통선거법의 성립과정에 관한 연구로 석사학위를 취득하였다. 그리고 일본에서 1996년 내무관료의 정계혁신론으로 석사학위를 취득하였다. 이러한 과정에서 정당과 관료에 대한 관심은 지속되었고 이 책을 만든 기본 동력이 되었다. 이 자리를 빌어 다시 한번 구태훈 선생님과 노지마 요코(野島陽子) 선생님께 감사드린다.

또한 성균관대학교 사학과와 BK21사업단 선생님들, 서중석·손병헌·신해순·김동순·김영하·정현백·구태훈·김택현·박기수·하원수·임경석 선생님의 따뜻한 보살핌과 진심어린 격려에 감사드린다. 그리고 지근거리에서 후원해 준 이진일·임송자 선생님에게도 고마움을 전한다.

이 책을 쓰고 있는 시기에 첫딸 태미의 초등학교 입학과 둘째딸 재희의 돌이 있었는데 아빠 역할을 제대로 해주지 못했다. 아빠를 대신하여 동분서주하며 가정사를 돌봐준 아내와 언제나 문 앞에서 반갑게 맞이해주는 두 딸에게 진심으로 감사하다. 그리고 먼 자리에서 한결같이 후원해 주시는 아버님과 어머님, 그리고 형님께 고맙다는 말씀을 드리고 싶다.

부족한 글을 꼼꼼히 교정해 준 주새봄과 바쁘신 중에도 출판에 응해주신 제이앤씨에 감사드린다.

다산경제관 1층 연구실에서 2007년 봄
김 종 식

차례

머리말 · 3
서론 · 11

제1장
정당정치 존립의 논리
- 보통선거론의 전개 -

1 명치기(明治期)의 보통선거론 ·· 25
   1) 국체를 전제로 한 보통선거논의 ·· 25
   2) 보통선거와 국체의 대립 ·· 30
2 보통선거운동과 그 논리 ··· 35
   1) 보통선거운동 ·· 35
   2) 민본주의의 보통선거론 ·· 39
3 보통선거를 둘러싼 정당과 특권세력의 대응 ························ 45
   1) 정당의 대응 ·· 45
   2) 특권세력의 대응과 그 논리 ·· 51
4 소결 ·· 61

제2장
정당내각 성립과 한계
- 보통선거법 제정 -

1 호헌삼파내각의 보통선거법안 ··· 67
   1) 정치적인 경과 ·· 67
   2) 정부의 보통선거법안 ·· 70
2 제50회 의회의 보통선거논의 ··· 73
3 보통선거법의 특징 ··· 83
4 소결 ·· 91

제3장
정당정치 비판의 운동과 논리
- 관료의 관점에서 -

1 선거의 「부패」구조에 대한 인식 ·· 99
   1) 정치교육의 계기 ·· 99
   2) 다자와의 총선거출마와 선거부패에 대한 인식 ·· 102
2 지방자치에서의 당쟁배제와 선거숙정 ································· 109
   1) 신일본동맹과 선거숙정동맹회 ·· 109
   2) 정치교육론에서 본 지방자치 ·· 121
3 지방자치론의 형성 ··· 131
   1) 지방자치의 구체화와 이론화 ·· 131
   2) 지방자치론과 선거숙정운동 ·· 137
4 소결 ·· 141

제4장
정당내각 붕괴의 서막
- 선거숙정단체의 성립과정 -

1 선거혁정심의회의 성립 …………………………………… 145
2 정치교육단체에 관료들의 논의 ………………………… 149
3 정치교육단체에서 선거숙정단체로 …………………… 157
4 소결 ………………………………………………………… 169

결론 · 171

보론
정당과 특권세력의 대결
- 조선문제를 둘러싸고 -

1 야마가타 아리토모(山縣有朋)와 하라 다카시(原敬)의 대결 …… 183
2 추밀원과 정당내각의 대립 ……………………………… 197
3 정당내각의 문화정치 기반구축 ………………………… 205
4 소결 ………………………………………………………… 213

- 참고문헌 … 215
- 찾아보기 … 219

1920년대 일본의 정당정치
― 성립과 쇠퇴의 논리

서론

일본에서 본격적인 정당의 출현은 자유당(1881-1884년)에서 부터이다. 명치유신(明治維新) 이후 번벌(藩閥)이 정권을 독점한 상황에서, 아직 헌법과 의회도 없었기 때문에 자유당은 직접적으로 정치에 참여할 통로를 가지고 있지 못하였다. 1890년 대일본제국(大日本帝國憲法 이하 명치헌법)의 제정으로 제국의회가 개설되었다. 명치헌법은 천황이 통치권을 총람(總攬)하고, 각 기관(군부・내각・의회・추밀원 등)은 각각 천황과 직접적으로 연결되어 책임을 지는 분권적인 지배체제를 구축하였다. 중의원은 권력기관 중의 하나인 제국의회에서 귀족원과 함께 이분의 1/2의 지분을 가지는 권력기관에 지나지 않았다.

1890년 최초의 선거로 정당은 중의원을 통해 정치에 개입할 수 있는 길을 열었다. 실제 1891년 제1회 총선거에서 번벌정부를 여당으로하는 어용정당이 소수이고, 정부반대의 야당이 다수를 차지하여 정부의 정책에 대항하는 사태가 발생하였다. 번벌세력은 1898년 오쿠마 시게노부(大隈重

信)를 내각총리대신으로 하는 헌정당중심의 일본 최초의 정당내각(1898년 6월 30일-1898년 11월 8일)에 정권을 넘겨주었다. 그러나 존속기간은 불과 4개월여에 지나지 않았다.

본격적인 정당정치는 원로인 이토 히로부미(伊藤博文)에 의해 만들어진 입헌정우회(1990년-1940년)에서 시작된다. 다수 정당인 정우회는 예산심의권을 가지고 번벌세력에 대항하면서 권력의 기반을 확장하였다. 특히 원로 야마가타 아리토모(山縣有朋)의 지원을 받는 가쓰라 타로(桂太郎)와 원로 이토의 지원을 바든 사이온지 긴모치(西園寺公望) 제2대 정우회 총재가 교대로 내각을 조직했던 계원시대(桂園時代 : 대체적으로 러일전쟁 직전인 1904년부터 제1차호헌운동이 일어나는 1912년까지를 가리킨다)를 통해 정우회는 일본정치의 중심 정당으로 자리잡게 된다. 여기에서 중심적인 역할을 수행한 사람이 하라 다카시(原敬)였다.

하라는 지방에서는 각종 이권을 매개로 정우회의 세력을 확장하고, 정부 내부에서는 관료의 정당화를 통해 영향력을 넓혔다. 본격적인 정당정치, 즉 정당내각이 안정적인 교대와 지속성을 보장하기 위해서는 대중의 안정적인 지지가 무엇보다도 필요하였다. 그러나 정우회는 광범위한 대중의 지지 없이, 번벌세력과의 타협을 통해 세력을 확장하였다.

한편 러일전쟁의 전후(戰後) 사회는 변모하고 있었다. 명치유신 이후 국가적 과제인 서구열강으로부터 독립이 실현되고, 제국주의로 나아감에 따라 일본 국민은 억눌렸던 정치적 욕구를 분출하기 시작하였다. 또한 명치(明治)천황의 죽음은 새로운 시대의 시작을 가속화시키는 역할을 수행하였다. 국제적으로도 제1차 세계대전은 군주국과 민주국의 대결구도로 이루어져 군주정치에 대한 민주주의의 확산을 가져왔다. 1910년대는 이러한 사회적 분위기를 반영하여 활발한 대중의 정치참여가 이루어지고, 언론과 지식인도 여기에 동참하였다.

보통선거운동은 국내외적 민주주의의 확산과 대중의 정치참여 확대욕구를 배경으로 전개되었다. 보통선거운동의 대상이 되는 중의원 의원선거는 선거권 제한을 통하여 대중의 정치참여를 제한하고 있었다. 명치헌법이 제정 후 처음 치러진 중의원 의원선거의 유권자는 전인구의 1%정도인 45만명에 지나지 않았다. 점차 유권자가 확장되어 1918년 선거법 개정으로 300만명이 유권자가 되었지만 전인구의 10%를 넘지 못했다. 대중은 여전히 정치로부터 소외되어 있었다. 보통선거운동은 대중의 정치참여 확대와 정당의 존립기반을 대중까지 확대하여 본격적인 정당정치의 길을 여는 계기가 되었다.

1924년 제2차호헌운동을 계기로 정우회를 제외한 3개의 정당으로 구성되는 호헌삼파내각이 성립하고 보통선거법이 실현되었다. 이시기부터 8년간(1925년-1932년) 일본은 정당내각의 전성기를 맞이하였다. 보통선거법은 정당내각 실현과 지속의 중요한 기제로 작용했다.

그러나 1920년대 후반 정당내각은 여러 가지 어려운 문제에 봉착하였다. 1927년의 금융공황과 1929년의 세계공황의 영향으로 일본경제는 만성적인 불황에 빠지게 되었다. 또한 1928년 최초의 보통선거에 의한 총선거에서 28명의 무산정당 의원이 당선하는 등 국내 정치정세도 변화되고 있었다. 여기에 정당의 부패사건이 연이어 발생하면서 대중은 정당을 불신하게 되었다.

대중의 신뢰 상실은 정당정치의 입지를 약화시키는 것이었다. 정당정치 개혁은 정당 내부와 외부 양쪽에서 주창되었다. 정당 내부에서는 선거법의 개정과 정치교육을 지도할 단체의 조직 등이 논의되었다. 정당 외부에서는 보통선거법 제정을 전후해서 시작된 정치교육운동이 일어났다. 이 운동은 전직 내무관료들이 중심이 되어 진행되었고, 그들은 정당 부패의 원인을 지방자치체내의 당쟁에서 찾았고, 해결책으로 행정중심의 지방자치 강화를 주장하였다.

1920년대 후반 지방의 정당정치 불신과 장기 불황은 정당의 지방적 기초를 파괴하였으며, 1932년 정당내각을 종결시키는데 기여하였다. 행정중심의 지방자치는 1930년대 중・후반 관료 주도의 국민조직화를 이끄는 데 중요한 역할을 수행하였다. 이것은 파시즘의 전조로서 이해된다.

1920년대 정당정치는「대정데모크라시」[1]라는 사회분위기 속에서 성립하였다. 대정데모크라시에 대한 연구는 문제관심에 따라 두 가지로 분류된다. 하나는 대정데모크라시와 정당정치를 같은 의미로 이해했으며, 원로・귀족원・추밀원 등의 특권세력[2]에 대항하여 수립된 정당내각의

---

[1] 사전적인 의미의 대정데모크라시는 대정시기(大正時期)에 의회정치와 보통선거권의 요구 등을 중심으로 정치・사회・학문・예술분야에 걸친 부르주아민주주의적인 모든 운동과 이데올로기의 총칭으로 정의되었다(『社會科學辭典』, 新日本出版社, 1968).

[2] 특권세력은 軍部・樞密院・貴族院 등 여러 세력을 의미하며, 국민의 선출에 의하지 않은 권력을 말한다. 宮崎隆次 (「戰前日本の政治發展と連合政治」, 『連合政治Ⅰ』(岩波書店, 1984)는 조작개념으로 '選出部分'과 '非選出部分'이라는 개념을 두었다. 특권세력은 비선출부분이며, 정당은 선출부분으로 개념화 될 수 있을 것이다.

형성과 붕괴를 주된 연구대상으로 하였다[3]. 다른 하나는 민중운동을 중시하여 정당정치를 대정데모크라시의 정치적 외피로서 파악하였으며, 보통선거운동을 비롯한 정치적 자유획득을 위한 민중운동을 주된 연구대상으로 하였다[4].

대정데모크라시 시기의 정치사를 보는 이러한 두 가지 시각[5]은 보통선거법을 둘러싸고 견해차이를 드러내고 있다.

대정데모크라시와 정당정치를 동일시하는 연구에서 보통선거법의 성립은 대정데모크라시의 도달점으로, '보통선거를 전제로 한 정치체제=보통선거체제'를 수립시켰다. 그러나 '보통선거체제=정당제'는 대정데모크라시를 촉진시킨 모든 요소를 흡수하지 못하였다. 정당제에 흡수되지 않은 군부·관료·무산정당의 일부·민간우익 등의 정치세력들은 1932년 5·15사건이후 '혁신운동'의 이름으로 정당제에 대한 적의를 드러내기 시작했고, 그들이 지향한 국가총동원체제는 대정데모크라시의 또 하나의

---

[3] 대표적인 글은 다음과 같다. 三谷太一郎, 『大正デモクラシー論』, 中央公論社, 1974 ; 三谷太一郎 『日本政党政治の形成』, 東京大學出版部, 1977 ; 升味準之助, 『日本政党史論』3·4, 東京大學出版部, 1967-1968 ; 伊藤之雄, 『大正デモクラシーと政党政治』, 山川出版社, 1987.

[4] 대표적인 글은 松尾尊兌, 『大正デモクラシー研究』, 青木書店, 1966 ; 金原佐門, 『大正デモクラシーの社會的形成』, 東京大學出版部, 1967 ; 今井淸一, 『日本近代史』 2, 岩波書店, 1977.

[5] 대정데모크라시를 파악하는 관점의 차이는 시기에 대한 규정에서도 차이가 난다. 대정데모크라시의 시작이 대개 러일전쟁 직후(1905년)라는 것에 일치하지만, 끝나는 시기의 경우 정당정치를 중시하는 연구경향은 만주사변(1931년 7월)전 혹은 1932년 5·15사건까지, 민중운동을 중시하는 연구경향은 대정말년(1926년)까지를 다루고 있다.

역사적 소산이었다고 한다6).

한편 민중운동을 중시하는 연구는 보통선거법의 성립 과정을 보통선거운동이라는 민중운동과 그것에 반대하는 특권세력의 대립구도로 다루었다. 보통선거법은 보통선거운동의 성과로 성립하였고, 특권세력은 보통선거법에 대한 견제로 치안유지법의 성립시켰다는 것이다. 즉 민중운동측과 특권세력을 대항관계로 보통선거법과 치안유지법을 세트로 파악하였다7).

대정데모크라시 연구에서 보통선거운동과 보통선거법은 대정데모크라시의 시작점으로, 혹은 종착점으로 위치하였다. 지금까지 연구는 보통선거법의 성립과정과 그것이 미친 파급효과에 초점을 맞추어서 진행되어, 보통선거법의 성립을 전후한 정치시스템의 변화에 의미를 부여하였다.

본 책에서는 왜 보통선거운동과 보통선거법의 제정과정이 하나의 체제를 구축하는 기준점이 되었는가를 출발점에서부터 살펴보고자 한다. 보통선거 문제가 어떻게 천황주권의 권력체제에서 대중의 정치참여를 정당화하고, 정당내각 수립의 논리적 전거로 작용하였는가를 검토하고자 하는 것이다. 기존 연구가 보통선거의 정치과정을 충분히 규정하였기 때문에 본 책에서는 보통선거의 논리를 따라 살펴본다.

정당내각의 성립은 대중의 정치참여에 의해 이루어졌고, 정당내각의 쇠퇴도 대중의 정치참여가 변형 혹은 감소되면서 전개되었다. 정당내각의 성립과 쇠퇴는 동전의 양면과 같은 것이다.

정당내각의 쇠퇴에 관한 연구는 1930년대 파시즘 시대와 어떤 연관성

---

6) 三谷太一郞, 『大正デモクラシー論』, 中央公論社, 1974, 40-42쪽.
7) 松尾尊兌, 『普通選擧制度成立史の研究』, 岩波書店, 1989.

이 있는가하는 문제에 초점이 맞추어진다. 이것은 정당과 국민대중을 어떻게 분단시켰는가의 문제이다. 그 출발점에 국민조직화의 선구로서 선거숙정운동를 어떻게 바라볼 것인가라는 문제가 있다.

기존의 연구에서 보통선거법 성립에 대비한 정치교육운동은 공정선거운동으로 구체화되었고, 이것의 연장선상에서 1930년대 선거숙정운동을 다루고 있다.8)

선거숙정운동의 성격에 대해서는 '선거부패의 시정을 지향하는 관민동치운동이지만 결과적으로 기성정당 배제를 기반으로 하는 국민통합운동으로 전개되어, 국민정신총동원운동・익찬운동(翼贊運動)에 이르는 파시즘체제유지의 선구적인 역할을 수행했다는 통설적인 평가가 정착해 있다'고 이해되고 있다9). 기존 연구는 결과론적으로 선거숙정운동이 파시즘의 선구가 되었다는 견해를 가지고 있다. 한국에서도 파시즘체제 구축의 일환으로 선거숙정운동을 다룬 연구가 있다.10)

이것에 대하여 1990년대이후의 연구에서는, 특히 1920년대 정치교육이론을 중심으로 선거숙정운동을 전망하는 연구도 보이고 있다. 이는 정치교육이론과 연속되지 않고 단절적으로 선거숙정운동을 전망하는 연구11)와 정치교육이론과 연속적으로 선거숙정운동을 전망하는 연구12)로

---

8) 杣正夫,「選擧肅正運動の思想と役割(1-4)」,『都市問題』1959.
9) 本間恂一,「選擧肅正運動をめぐる政党と官僚」,『地方史硏究』36-1, 1986 참조.
10) 원지연, 「1930년대 일본 선거숙정운동의 재평가 -대중의 정치참가와 관련하여」,『전남사학』18, 2002.
11) 河島眞,「戰間期內務官僚の政党政治構想」,『日本史硏究』392, 1995.
12) 선거숙정운동의 중심인물인 田澤義鋪를 분석한 拙稿,「一九二〇年代內務官僚

나뉘어져 있다. 그 외 최근의 연구로는 정우회가 영향력 확보에 선거숙정운동을 활용하였다는 연구가 있다.13)

본 책에서는 정당내각의 쇠퇴와 파시즘을 연결시키는 정치교육이론과 선거숙정운동의 논리 형성과 전개를 따라가고자 한다.

제1장은 먼저 대중의 정치참여를 보장하는 보통선거운동의 사상적인 연원을 살펴본다. 이것은 국체에 기초한 국권강화의 수단으로 보통선거의 주장이었다. 그러나 대정데모크라시 시기에 들어와 국체는 보통선거를 반대하는 논리로 돌아서게 되고, 국체와 모순되지 않는 보통선거론의 확립이 보통선거운동의 중요한 과제가 된다. 여기에 제1차 세계대전 이후의 대중의 정치참여욕구가 결합되어 본격적이 보통선거운동이 전개된다.

제2장은 보통선거법의 제정이 이루어지는 제50회 의회를 전후한 시기를 분석의 대상으로 한다. 정당내각과 의회는 보통선거법이라는 대중의 정치참여 욕구를 실현하는 주체로서 자리매김한다. 한편 당시에는 보통선거법의 시행에 따른 선거법 단속에 관한 부문이 강화된다. 보통선거를 둘러싸고 정당정치와 정당내각의 반대세력으로서의 관료의 존재감을 보여주고 있다.

제3장은 보통선거법이 실현된 후 받게 된 정치교육운동과 이론화에 대해 살펴본다. 정치교육운동은 정계혁신을 기대하는 관료를 중심으로 전개된다. 정치교육운동과 정계혁신운동이 어떻게 일체적으로 이해되고 전개되는가를 살펴본다. 다음으로 정계혁신운동의 실패로 정치교육운동

の政界革新論」(『史學雜誌』111-2, 2002)는 이러한 관점에서 있다.
13) 官田光史, 「選擧肅正運動の再檢討―政友會を中心に」, 『九州史學』139, 2004.

이 정당정치 선거의 부패에 초점을 맞추게 되고, 이는 선거숙정운동을 전개할 토대를 마련한다. 한편 정치부패의 근본 원인을 지방자치체내에 정당이 개입하여 당쟁이 발생한 것에서 찾고 있다. 이것을 해결하기 위하여 지방자치체의 정치행위를 행정으로 위치시키고자 하는 논리가 만들어지게 된다.

제4장은 신뢰를 상실한 정당내각이 어떻게 하면 대중의 신뢰를 회복시킬 것인가라는 실제적인 고민의 과정을 다룬다. 1920년대 정치교육운동에서 출발한 선거숙정운동이 1930년 하마구치 오사치(浜口雄幸)내각에서 선거혁정심의회를 통하여 정치교육을 위한 기관 설치에 관한 논의로 전개되는 과정을 살펴본다. 결국 정치교육단체는 선거혁정을 위한 선거숙정단체로 변경되기에 이른다. 이 과정에서 어떻게 선거숙정단체가 새로운 정치세력의 가능성을 잉태하는가를 살펴본다. 이것은 파시즘의 전망에 해당되는 부분이다.

마지막으로 근대 일본 정당정치의 성립과 쇠퇴를 논리만으로 설명하는데 한계를 느끼고, 실제의 정치과정속에서 정당과 번벌세력이 어떻게 다투고 있는가를 구체적으로 보여주기 위하여 보론을 넣었다. 보론은 특권세력과 정당세력이 식민지 조선을 둘러싸고 대립하는 정치과정을 다루고 있다.

제1장
정당정치 존립의 논리
- 보통선거론의 전개 -

중의원의원선거법은 1889년 헌법제정과 함께 성립하였다. 선거법은 납세액을 기준으로 선거권을 제한하는 제한선거법이었다. 그러나 1925년 선거법 개정으로 납세제한이 철폐되어 보통선거법이 성립하였다. 여기에서 보통선거는 납세액에 관계없이 25세 이상의 남자에게 선거권을 부여하는 것이었다. 제한선거의 철폐와 보통선거의 요구는 헌법이 제정된지 3년 후인 1891년부터 시작되어 1925년의 선거법 개정으로 실현되었다.

	초기 보통선거론은 정부에 반대하는 정당의 일부 세력과 지식인층에서 나타났다. 대정기(大正期 : 1911-1926년)에 들어가면 보통선거론은 일부 지식인의 범위를 넘어서 민중운동으로 발전하였고, 급속히 확대되었다. 이 배경에는 제1차 호헌운동(第一次護憲運動), 제1차 세계대전, 러시아혁명, 쌀소동(米騷動)으로 이어지는 국내외의 변화가 있었다. 또한 국내외의 변화는 지배층에게도 커다란 충격을 주었다.

1 명치기(明治期)의 보통선거론

1) 국체를 전제로 한 보통선거논의

　근대 일본에서 선거법에 대한 논의는 1875년 4월 입헌정체수립(立憲政體樹立) 조서(詔書)가 발표된 직후 시작되었다. 선거법은 정부와 민간에서 입헌정체수립을 주장하던 자유민권파(自由民權派) 사이의 논쟁거리가 되었다. 당시 정부에 의해 추진된 선거법안은 납세액에 따라 선거권을 제한한 것이었다. 이에 대해서 자유민권파는 납세액 제한 완화를 주장하였지만 기본적으로 제한선거론의 관점을 벗어나지 못하였다. 결국 중의원의원선거법은 1889년 2월 11일 헌법의 제정과 함께 그 부속법률로서 성립하였다. 그러나 그 법은 전체 인구의 1%도 미치지 못하는 유권자에게 선거권을 부여하는 정도에 그쳤다[1].

---

1) 유권자는 選擧人名簿를 정리한 날로부터 만 1년이상 거주 府縣內내에 本籍을 두어 거주하고, 地租 15만엔이상 또는 所得稅를 3년이상 15만엔이상을 계속해서 납부한 25세이상의 남성으로 제한하였다. 피선거권자는 30세이상의 남성으로서 유권자와 동일한 납세조건이 요구되었지만, 거주요건은 없었다. 선거구제는 표준인구 13만을 一區로 하는 小選擧區制를 원칙으로 했지만, 257區중 43區를 2인區로 한 변칙적인 소선거구제였다. 의원정수는 300인으로 했다. 투표 방법은 單記記名

처음 '보통선거'를 주장한 것은 자유당(自由党) 내의 일부세력이었다. 그들은 오이 겐타로(大井憲太郎)2)를 중심으로 자유당내에 '동양구락부(東洋俱樂部)'를 결성하였다. 동양구락부는 노동자, 빈민의 보호 등 민권의 확장과 보통선거를 주장하였다. 그들은 보통선거를 주장하는 최초의 정치단체인 '(1892년의) 보통선거기성동맹(普通選擧期成同盟)'의 발기인회를 1892년 2월 7일에 개최하였다. 이 단체의 보통선거 주장은 민권의 확장을 통하여 국권을 강화하려는 국권주의(國權主義)3)에 기초하고 있었다. 그들은 1892년 11월 6일 자유당을 탈당하여 '동양자유당(東洋自由党)'4)을 창설하였다. 보

式이었다(日本自治省選擧部編, 『選擧法百年史』, 第一法規, 1990, 1-4쪽).
2) 大井憲太郎에 대한 인물론으로는 中塚明의 연구가 주목된다. 中塚明는 大井憲太郎에 대해 '단지 政治家로, 思想家로, 反官僚의이었거나, 또는 國內問題에서 民主主義的인 發言을 하거나, 글을 쓴다는 것만으로 天皇制專制에 대한 부르조아적인 역할을 평가하는 것은 一面的인 것으로, 그 政治家로, 思想家로, 對外的問題에 대한 言動과 통일해서 논할 필요가 있다'(中塚明, 「大井謙太郞論」, 『歷史學硏究』 294호, 1960, 55쪽)라고 말하면서, 大井에 대해서 단순히 부르주아적인 성격으로 규정하는 것에 대해 반대하고 있다.
3) 國權主義는 국권을 민권 그 외의 여러 가지 요구보다 우선하여, 최고의 목적으로 설정한다. 즉 외교는 물론 내정에서도 경제, 문화 등을 국권의 확립과 확장의 수단으로서 설정하는 것이다. 국권주의는 국내적으로는 天皇制專制權力의 강화로, 대외적으로는 侵略主義로 나타난다. 특히 이것은 청일, 러일전쟁의 승리와 함께 국민의 의식 속에 깊이 침투했다고 규정된다(井上淸, 『日本の歷史』上・中・下, 岩波書店, 1963 ; 서동만 옮김, 『일본의 역사』, 이론과 실천, 1989년 ; 『國史大辭典』, 吉川弘文館, 1985를 참조).
4) 東洋自由党의 슬로간은 다음과 같다.
 一. 皇室의 尊營을 유지하고, 民權의 擴張을 꾀해서, 立憲政體의 完行을 期한다.
 二. 外交는 强硬한 政策을 취하여, 國權의 發揚을 期한다.
 三. 內治는 進步의 政策으로, 國力의 充實을 期한다.
 四. 財政을 整理해서, 國家經濟가 허락하는 한도에 따라 점차 民力의 休養(특히

통선거기성동맹회는 동양자유당의 정책실현기관의 하나로서 활동하였지만5), 그 기간은 매우 짧았다. 1893년 말 동양자유당의 해체와 함께 보통선거기성동맹도 해산하였다.

그 후 보통선거운동은 나카무라 타이하치로(中村太八郞)에 의해 새롭게 시작되었다. 나카무라는 1895년 신슈(信州)의 마쓰모토(松本)에서 요동반도 반환반대운동을 일으켜, 이를 계기로 보통선거운동를 시작했던 인물이었다6). 나카무라는 중국에 대한 제국주의적인 침략정책이 서구제국주의의 간섭 때문에 후퇴하는 것에 분개하여 국권 강화 수단으로서 보통선거를 주장하였다. 그는 1897년 '(1897년)의 보통선거기성동맹회'7)를 결성하였다. 이 보통선거기성동맹회는 사회문제연구회8)를 모태로 연구회의 회

貧民・勞働者의 보호)을 한다.
五. 緊急至要의 對外政策을 강구하여, 반드시 그 實行을 期한다.
(『新東洋』7, 1892년 11월 13일. ; 富田信男,「日本普選運動史序說」,『政經論叢』 29-4, 1960, 110쪽에서 재인용)

5) 普通選擧期成同盟會, 그 외에 日本勞働協會과 小作條例調査會를 설치하였다.
6) 平野義太郞編,『中村太八郞傳』, 日光書院, 1938, 19쪽.
7) 이하 普通選擧期成同盟會은 청일전쟁 후에 만들어진 것을 가리킨다. 그러나 명칭에 대한 이견도 존재한다. 富田信男는 1960년 앞의 책에서 1897년에 '普通選擧請願同盟會'가 결성되었다고 하였다. 그러나 松尾尊兌은『普通選擧制度成立史의 硏究』(岩波書店, 1989)에서는 이것을 '普通選擧期成同盟會'로 기술하였다. 본 논문은 松尾의 서술기준에 따른다.
8) 社會問題硏究會는 청일전쟁 후 노동쟁의를 비롯한 각종 사회문제가 발생하는 것에 대응해서, 그 해결책을 모색하는 지식인들에 의해 만들어졌다. 이 단체는 연구와 실천활동단체로, 사회주의운동의 맹아가 되었다. 간사는 樽井藤吉, 西村玄道, 中村太八郞이고 평의원은 片山潛, 馬場辰猪 등이 있다. (林廣吉,「資料 ; 普選物語」,『長野縣近代史硏究』6, 1974, 73쪽)

원인 나카무라 등의 주도하에 1897년 7월에 마쓰모토에서 결성되었다. 1899년 사회문제연구회의 회원을 중심으로 도쿄에서 '보통선거기성동맹회'가 결성되었다. 나카무라도 중심인물로서 참가한 도쿄의 보통선거기성동맹회는 명실상부한 보통선거운동의 중심체로 자리잡았다.

보통선거기성동맹회의 기본적인 생각은 1899년 12월의 보통선거기성동맹회 취의서(趣意書)에서 파악할 수 있다. 그중에서 보통선거론은 천황제라는 국체를 전제로 성립했다. 보통선거의 근거는 명치유신에서 천황친정을 선언한 '5개조의 서문(五ヶ條의 誓文)'으로까지 거슬러 올라간다. 이러한 보통선거론은 국권주의적인 지향성을 가지고 있다[9]. 보통선거에 관한 이 같은 취지는 1901년 1월 12일 마쓰모토에서 개최된 제2회 보통선거대회에서도 드러났다[10].

한편 보통선거운동에는 청일전쟁 후에 성장한 초기사회주의자들도 참가하고 있었다. 초기사회주의자의 참가는 1900년 사회주의연구회와 노동조합기성회(勞動組合期成會)의 회원들이 보통선거기성동맹회에 가입하면서 시작되었다. 당시 대표적사회주의자였던 가타야마 센(片山潛)의 주장에

---

9) (보통선거를 통하여 실현되는) 上下輯穆은 社會安寧의 기초이다. 國民協同은 國家强盛의 원천이다. 國家의 基礎는 이를 國民全體위에 두어야만 한다. 皇室의 藩衛는 臣民一般에게 맡겨야만 한다. 이것이 우리회(보통선거기성동맹회 ; 인용자주)에서 모든 어려움을 무릅쓰고, 愛國忠君의 士와 함께 普通選擧의 실행에 종사하는 까닭이다(『松本親睦會雜誌』153호, 1900년 1월 28일, 『信濃每日新聞』, 1900년 1월 14일자 ; (富田信男, 앞의 책에서 재인용).

10) 보통선거를 우리 황실의 위엄으로 실행하고, 보통선거를 실행하는 것이 國運을 進張할 最急의 방법이라고 사료됩니다「資料 ; 普選物語」, 『信濃每日新聞』, 1925년 3월 31일).

서 그들의 견해를 살펴볼 수 있다. 가타야마에 의하면 보통선거는 인간고유의 권리는 아니지만 헌법에 기초를 둔 것으로, 이 헌법은 천황을 주권자로 하는 것이었다[11]. 결국 초기사회주의자의 보통선거론과 국권주의적인 보통선거론은 천황주권의 국체에 기초를 둔 것이었다. 이 같이 국체에 기초한 보통선거론은 국권주의자와 초기사회주의자를 연대시키는 기초이기도 하였다[12].

논리적인 기반을 같이했던 국권주의자들과 초기사회주의자들이었지만, 러일전쟁을 계기로 그들 사이의 견해 차이가 드러났다. 국권주의자는 주전론(主戰論)을 주장하고, 사회주의자는 비전론(非戰論)을 견지하였다. 이 같은 견해 차이는 보통선거기성동맹회의 활발한 활동을 약화시키는 요인이기도 하였다.

---

11) 보통선거는 憲法政治의 本領이다. 우리나라에 있어 그 헌법은 유명한 聖文 '널리 회의를 열어 萬機公論으로 결정을 해야한다'라는 훌륭한 共和 정신에 기초한 것이다. 우리나라에 있어 普通選擧는 천황의 '四海의 內는 전부 朕의 赤子이고, 천하는 또한 짐의 가족이다'라는 공평한 정신을 실행하는 것이라고 믿는다(片山潛, 「社會改良手段普通選擧」, 『片山潛著作集』2권, 河出書房新社, 1960, 재수록, 115쪽).

12) 보통선거에서의 사회주의자와 초기보선운동자(松尾는 自由主義者로 칭한다)의 제휴이유에 대해서, 松尾는 양자가 같은 儒敎的倫理의 세계에서 자란, 자유민권의 흐름을 이어받은 소부르조아지, 인텔리층 출신이기 때문이라고 말한다(松尾尊兌, 『普通選擧成立史の硏究』, 岩波書店, 1989, 48쪽).

2) 보통선거와 국체의 대립

러일전쟁은 정부가 국민에게 무거운 부담을 안겨주었기 때문에 국민도 정부에게 권리를 요구할 수 있을 것이라는 여론을 형성하였다. 이 같은 사회적 분위기는 재차 국권주의자와 사회주의자를 보통선거운동에 제휴하게 만들었다. 그러나 두 세력의 제휴와 운동은 사회주의자 내부의 직접행동론(直接行動論)의 대두13)와 정부의 억압강화 등의 요인으로 다시금 약화되었다.

보통선거운동의 주목할 만한 변화는 러일전쟁 후 악세반대운동(惡稅反對運動)을 일으킨 도시상공업자들이 보통선거를 지지하기 시작하였다는 점이다. 도시상공업자들은 그들의 주장을 관철하기 위하여 보통선거법 제정을 요구했다. 보통선거운동은 지식인 중심의 계몽적인 운동의 성격을 넘어서 민중의 정치적인 권리의식을 기초로 하는 운동으로 변화할 가능성

---

13) 幸德秋水를 主唱者로 하는 直接行動論(스트라이커, 무장봉기 등을 통하여 사회주의를 실현)은 러일전쟁 후 격화한 노동쟁의를 배경으로 세력을 증대시켜, 片山潛, 田添鐵二와 같은 議會政策派(의회를 통한 사회주의의 실현)와 대립하였다. 1907년 2월 제2회 사회당대회를 계기로 사회주의운동은 直接行動派와 議會政策派가 확연하게 분열되어 보통선거에 대한 의견도 나뉘었다. 결국 보통선거는 논의를 거쳐, 표결에 붙여졌다. 보통선거운동을 자의적으로 결정, 실행하는 운동으로 하자는 平議員代表 堺利彦의 제안은 28표, 政綱으로부터 삭제를 요구하는 幸德秋水의 제안은 2표를 얻었다. 보통선거운동에 대한 사회주의자의 단결된 대응은 사라지고, 열의도 급속하게 저하되었다. 이후 보통선거운동은 '普通選擧期成同盟會'의 주류인 國權主義者와 片山潛, 田添鐵二 등의 議會政策派 社會主義者에 의해 명맥이 유지되었다(岸本英太郎, 「無政府主義の臺頭と日本社會党大會」, 『經濟論叢』81-5를 참조).

을 보였다.

이것은 가쓰라 타로(桂太郎) 내각과 그 배후에 있는 특권세력에 대해 비판적 입장을 취하고 있던 정당에도 영향을 미쳤다. 정당은 단지 정부를 견제하기 위하여 - 보통선거를 각 정당의 정책으로서는 아니지만 - 의원개인의 보통선거 주장을 용인하고 있었다. 그 결과 보통선거법안은 제27의회(1910년 12월 20일 - 1911년 3월 22일)의 중의원을 통과하기에 이르렀다. 그러나 귀족원은 보통선거법안을 부결시켰다. 그 이유에 대하여 법제국장관이었던 야스히로 도모이치로(安廣伴一郎)는 귀족원에서 다음과 같이 말하였다.

> (보통선거 제도는 : 인용자주) 민주국이라면 그 기초가 있을지 모르겠습니다만, 군주국에서는 전연 그 기초를 가지고 있지 않습니다. (중략) 다른 군주국과 국체를 달리하고 있는 우리 제국에서는 도저히 적용할 수 없습니다.14)

그는 보통선거와 국체가 맞지 않는다고 말하였다. 보통선거법을 채용하면 '다수의 하층사회가 소수의 상류사회를 압도'15)할 것이라고 우려하였다. 결국 귀족원 의원인 호즈미 야쓰카(穗積八束)의 발의로 보통선거법안은 귀족원에서 만장일치로 부결되었다16). 여기에서 국체는 보통선거의

---

14) 大日本帝國議會誌刊行會編纂發行, 『大日本帝國議會誌』 제8권, 126쪽.
15) 大日本帝國議會誌刊行會編纂發行, 위의 책, 126쪽.
16) 穗積八束는 이안(보통선거법안 : 인용자주)이 오늘날 衆議院 문을 들어온 것은 어찌되었던 유감입니다. 때문에 이것을 부결함과 동시에 제 생각으로는 오늘뿐만

이론적인 기초가 아닌, 보통선거를 부정하는 근거가 되었다. 보통선거론은 국체와 모순되지 않는 이론적인 구축을 필요로 하였다.

또한 중의원에서 통과된 보통선거법안이 귀족원에서 부결되었을 때 민중은 아무런 반응도 보이지 않았다. 다음의 신문평론은 이 상황을 설명하고 있었다.

> 이러한 선거권 확장문제는 매년 의회의 문제가 되지만 아직 국민의 문제가 되지 않았고, 일부 의원의 요구는 되어도 아직 국민의 요구는 되지 않았기 때문에, 의회에서 대다수로 안을 가결시켰음에도 불구하고 기세가 오르지 않고, 탄력도 받지 않고, 여론이 도와주지 않고, 국민도 격려하지 않아, 마침내 귀족원에서 가볍게 부결되어버린다.17)

국민의 무관심은 보통선거법에 대한 여론을 확보하지 못한 것에 기인하였다. 따라서 중의원을 통과한 보통선거법안이 귀족원에서 부결되었다. 보통선거법이 성립되기 위해서는 보통선거에 대한 국민의 광범한 지지를 필요로 하였다. 즉 국권강화를 위한 계몽·사상운동으로 출발한 보통선거운동은 그 성립을 위해 국민여론이 주도하는 새로운 운동이 필요하였다.

한편 이미 1910년 5월 '대역사건(大逆事件)'을 계기로 보통선거론까지 위험사상으로 파악한 정부는 보통선거법안이 귀족원에서 부결된 후 보통

아니라 장래에도 이 보통선거 안이 귀족원의 문에 들어와서는 안된다는 표시를 보이기 위해 全會一致로 부결하고 싶다고 생각합니다(大日本帝國議會誌刊行會 編纂發行, 위의 책, 137쪽).
17) 『福岡日々新聞』, 1911년 3월 11일.

선거운동에 대한 본격적인 단속을 시작하였다. 정부는 1911년 5월 보통선거기성동맹을 정치결사(政社)로서 신고할 것을 명령하였다. 그러나 보통선거기성동맹회는 회원들이 이미 기존정당의 당원이거나, 다른 정치결사에 가입해 있는 것을 이유로 정부의 명령을 거부하였다. 그 결과 보통선거기성동맹회는 정부에 의해 해산 당하였다. 명치말기에서 대정초기에 걸친 보통선거법안의 논의는 사회주의운동의 일환으로 보여져 심한 감시하에 놓이게 되었다[18].

---

[18] 1911년 6월 14일 內務大臣 平田東助으로부터 통달된 社會主義監視規則「特別要監視人視察內規」제10조 교원, 조선인, 노동자 등의 선전과 동맹파업 선동, 非軍備論 주장, 노동자단체의 고취, 보통선거운동에 관해서는 특히 주의할 것이다(『續現代史資料』, みすず書房, 1958 ; 松尾尊兌, 앞의 책, 93쪽 재인용).

2 보통선거운동과 그 논리

1) 보통선거운동

　이 같은 사회 분위기 때문에 보통선거 주장은 위축되었으나, 곧이은 제1차호헌운동에 의해 활기를 되찾게 되었다. 이전에 보통선거운동을 주도했던 보통선거기성동맹회는 1914년 1월 20일 재건되었다. 그러나 보통선거운동을 둘러싼 사회적 환경은 변화하였다.

　당시의 사회적인 분위기에 대하여 『평민신문(平民新聞)』를 발행하고 있던 사회주의자 오오스기 사카에(大杉榮)는 '제종(諸種)의 추상적 신사상(新思想)의 발흥과 정치적・사회적인 사건들에 자극받아, 무엇인가 구체화된 신사상을 갈망하고 있던 청년 등은 (중략) 『제삼제국(第三帝國)』[19]에 몸을 던졌다'[20]라고 회고하였다. 제1차호헌운동에서 시작된 새로운 정치

---

19) 秋田縣 출신의 크리스찬 石田友治가 '新公論'를 사직하고, 당시 『萬朝報』의 인기 기자였던 茅原華山와 함께 1913년 10월에 『第三帝國』를 창간하였다. 『第三帝國』은 1919년 100호부터 『文化運動』로 개칭하여, 1922년 10월 하순, 中彌三郎 등의 교원조직 '啓明會'의 『機關紙』로 되었다가, 1925년 4월에 폐간되었다. 전부 156호를 발행하였다.
20) 大杉榮, 「茅原華山論」, 『中央公論』, 1915년 12월호 ; 松尾尊兌, 앞의 책, 108쪽

상황은 새로운 사상을 요구하였다.

이것에 대응하여 특권세력의 한축을 지탱하고 있던 군부, 그중에서도 해군에서 뇌물수뢰사건인 지멘스사건이 발생한 직후인 1914년, 요시노 사쿠조(吉野作造)는 정당내각이 실제적, 법률적, 도덕적으로도 가능하고, 그 같은 정당내각의 기초로서 보통선거를 채용해야한다고 주장하였다[21]. 이것은 보통선거에 대해 국권주의적이지도 사회주의적이지도 않은 접근법이었다. 구체적으로 보통선거에 대한 논의는 『제삼제국』을 통해서 시작되었다. 『제삼제국』은 권리의식에 근거한 보통선거가 주장되었다. 더 나아가 보통선거운동 방법으로서 청원서명운동의 형식이 제창되었고, 이는 보통선거운동을 활성화시키는 계기가 되었다.

신사상과 그것에 근거한 보통선거요구의 논리는 요시노 사쿠조에 의해 실현되었다. 그는 1916년 이 같은 논지를 '민본주의(民本主義)'로 이론화시켰다[22]. 민본주의는 제1차호헌운동의 영향을 받은 광범한 청년층에게 『제삼제국』을 비롯한 『중앙공론(中央公論)』, 『태양(太陽)』 등의 종합잡지를 통해서 확산되었다. 민본주의를 지지하는 청년층은 요시노·오오야마 이쿠오(大山郁夫)·우키타 가쓰타미(浮田和民) 등의 대표적인 민본주의자들의 언론활동 지지자들이었다. 또한 민본주의는 보통선거운동을 지지하는 계층을 확대시켰다. 보통선거운동의 지지층은 지식인층과 중소상공업

재인용.
21) 吉野作造,「山本內閣の崩壞と大隈內閣の成立」,『太陽』, 1914년 5월호.
22) 吉野作造는「憲政の本義を說いてその有終の美を濟すの途を論ず」(『中央公論』, 1916년 1월호)라는 논문으로 이 작업을 수행하였다.

자에 그치고 있었는데, 이 시기를 통해 청년층으로까지 확대되었다. 청년층은 민본주의의 영향하에 보통선거운동의 가장 적극적인 지지자가 되어, 민중이 주체가 되는 보통선거운동의 외연을 확대시켰다. 그 결과 보통선거실시를 공약으로 내건 후보가 1917년 총선거에서 중의원의원으로 당선되었다[23].

    1918년 이후 보통선거운동은 광범한 민중의 지지를 얻을 수가 있었다. 1918년은 국내외적으로 커다란 변화가 있었다. 국제적으로는 1917년 러시아혁명의 영향과 제1차세계대전의 결과로 만들어진 전세계적인 민주주의의 분위기가 일본에도 영향을 미쳤다. 국내적으로도 1918년 쌀소동의 발발로 민중의 정치적 역량이 어느 때보다 증대되었다. 쌀소동이 일어나기 전날인 1918년 8월 3일 시베리아출병이 발표되었다. 민중은 거국일치(擧國一致) 슬로건에 의해 지금까지 전쟁에서 희생을 강요당해 왔는데 또다시 시베리아출병으로 희생을 강요당했다. 드디어 민중은 '국가를 어떻게 하겠다고 말하지 말고, 자신(국민 : 인용자)을 어떻게 해 달라.'[24]고 외치며 일어섰다. 이것은 제1차세계대전을 통해서 성장한 일본민중에게 국가를 위하여 무조건적인 희생을 강요할 수 없는 상황에 도달했음을 의미하는 것이었다. 이 같은 사회적 분위기 속에 민중의 정치적 각성은 일층 심화되었다. 쌀소동은 보통선거를 요구하는 민중운동이 확산되는 계기를 만들었다. 민중의 보통선거에 대한 요구는 민본주의에 공감하는 지식인의 언론

---

23) 1917년 4월 6일 제13회 총선거에서 大阪에서 무소속으로 출마한 今井嘉幸가 당선되었다.
24) 『大阪朝日新聞』, 1918년 8월 22일 사설.

활동을 통하여 계속해서 발표되었다. 그들은 쌀소동을 통해 만들어진 공간을 통해 선거권 확장을 비롯해 원로(元老)의 폐지, 군부대신 무관제의 폐지, 정당내각제의 확립, 노동조합의 자유 등을 주장하였다[25].

1918년 9월 29일 특권세력이 중심이 되는 데라우치(寺內) 내각이 붕괴되고, 다수당의 대표인 하라 다카시(原敬)가 중심이 되는 정당내각으로서 정우회내각이 조직되었다. 이 같은 정세 속에서 보통선거기성동맹회는 변화한 사회환경에 적응하기 위하여 1919년 2월에 개조를 단행했다[26]. 개조는 구래의 동맹회원에 더하여 당시 보통선거운동을 지지하던 언론인, 변호사, 정치가들을 새로이 보통선거기성동맹회에 결집시키는 역할을 하였다. 변호사와 신문기자 등 민본주의의 주창자가 주축이 되어 보통선거기성동맹회를 보통선거운동의 중심적인 지도조직으로 부상시켰다. 개조 이후의 보통선거기성동맹회에는 그 외에도 대도시 학생단체와 노동자단

---

25) 井上淸・渡部徹編著, 『米騷動の硏究』5권, 有斐閣, 1975, 200쪽.
26) 1918년 普通選擧期成同盟會의 명목상의 대표는 牧野充安(國民黨院外團)이었다. 普通選擧期成同盟會는 1919년 1월 중순 中村太八郞, 松本君平, 靑池晁太郞, 西本國之輔가 중심이 되어 활동을 재개하여, 내부 논의를 거쳐 1919년 1월 21일 改組할 것을 결의하였다. 간사는 西岡竹次郞(全國靑年急進會의 幹部)와 石田友治(第三帝國主筆)가 담당하고, 위원은 黑須龍太郞(憲政會議員), 牧野充安, 松本君平(憲政會前議員), 丸山長渡(松本出身의 辯護士), 工藤賤雄가 뽑히고, 2월 14일에는 실행위원 99명을 결정하였다(상세한 명부는 伊藤隆, 『大正期 「革新」派の成立』, 塙書房, 161쪽 참조). 新綱領은 一. 우리들은 明治大帝의 聖旨에 따라 普通選擧를 요구한다. 二. 우리들은 全國民의 이름으로 요구한다. 三. 우리들은 國의 根本義에 따라 요구한다. 四. 우리들은 議會와 政党의 改造를 하기 위해서 요구한다. 五. 우리들은 金權政治와 貴族政治와 階級政治를 打破하기 위하여 요구한다. 六. 最後로 우리들은 世界의 大勢에 따라 요구한다(內務省 警務局, 「政治運動團條」).

체가 참가하였다. 또한 유력한 신문도 보통선거운동의 지지자로서의 역할을 수행하였다. 이시기 보통선거운동은 지역적으로도 확산되어, 전국적 규모로 전개되었다. 그러나 현직의 중의원의원은 한 사람도 참가하지 않았고, 사회주의자로 보이는 인물도 없었다[27]. 보통선거운동은 한계가 있었으나, 쌀소동을 통해서 그 저변을 확대할 수 있었다.

2) 민본주의의 보통선거론

국체를 기초로 하는 국권강화의 수단으로서, 계몽·사상운동에서 출발한 보통선거운동은 민중의 정치적인 권리의식의 성장에 따라, 그 성격를 변화하였다. 그 변화는 민본주의에 의해 표현되었다. 요시노는 1916년 '헌정의 본의를 말하여 그 유종의 미를 거두는 길을 논한다(憲政の本義を說いてその有終の美を濟すの途を論ず).'로 민본주의에 대하여 체계적 입론을 세우고, 1919년 『보통선거론』(大橙閣, 1919년 4월)이라는 저서를 통해 민본주의에 기초한 보통선거론을 정리하였다.

요시노는 명치헌법하의 일본에서 정당내각제와 보통선거가 실제 법률

---

[27] 현역 의원이 한 명도 참가하지 않은 이유는 실질적으로 憲政·國民兩党의 소장파 의원들이 동맹회에 상당히 관계하고 있었지만, 아마도 普選案 非提出의 党議에 저촉될 것을 두려워했기 때문이라고 생각되어진다. 한편 사회주의자의 非參加는 普通選擧期成同盟會에 대한 탄압을 불러올 수 있다는 사회주의자측의 정세판단에 기인한 것이다(松尾尊兌, 「第一次大戰後の普選運動」, 『大正期の政治と社會』, 岩波書店, 1970, 170-171쪽). 개조된 普通選擧期成同盟會의 구성원에 대해서는 (伊藤隆, 『大正期「革新」派の成立』, 塙書房, 1978, 161-172쪽).

적・도덕적으로 가능하다고 말하였다. 그것은 이론적 기초인 민본주의가 반대론자들이 주장하는 것처럼 '국체와의 모순'을 의미하지 않는다는 것이었다.

요시노는 민본주의에 대하여 다음과 같이 정의하였다.

> 소위 민본주의라는 것은 법률 이론상 주권이 누구에게 있는가에 대해서는 묻지 않고, 단지 주권을 행용(行用)하는데 있어서, 주권자가 반드시 일반 민중의 이복(利福)과 의향을 중요시하는 방침을 취해야 한다는 주의이다.28)

민본주의는 국체와 국체의 운용을 분리해서 국체의 운용은 일반민중의 복리와 의향을 중시해야한다는 설명이었다. 그러나 일본은 군주국이므로 군주와 국민, 즉 주권의 소재와 주권운용 대상의 관계를 설명해야만 했다. 요시노에 의하면 민본주의는 주권운용의 주체를 천황에게서 구하고, 주권운용의 대상을 일반 민중에게서 구하였기 때문에 군주제와는 모순되지 않는 것으로, 천황의 주권운용은 민중의 이해를 대변해야 하는 것이었다. 즉 천황의 황실은 국가의 유일한 근원이기 때문에 황실과 민중의 이해가 상반되는 일은 절대로 있을 수 없다고 인식하였다29). 요시노는 만약 황실을 위해 민중의 복리가 무시될 경우, 민중은 어떠한 태도를 취해야 할 것인가라는 문제에 대하여 다음과 같이 말하였다.

---

28) 吉野作造, 앞의 책, 117쪽.
29) 吉野作造, 앞의 책, 124쪽.

이것은 예를 들면 주인이 파산한 경우에 하녀들이, 입고 있는 것까지도 벗어서 주가(主家)를 도와야 되는가 아닌가와 같은 종류의 문제로, 본래 상하 양자의 도덕적 관계에 일임해야할 일로서, 제도로서 법률상 이것을 어떻게든 강제하는 것은 도리어 좋지 않다고 생각한다.[30]

요시노는 천황과 민중의 관계를 군신의 도덕적 차원으로 위치시키고, 민중의 정치참가를 천황과 민중의 도덕적인 군신관계의 문제로부터 독립시켰다. 따라서 군주국인 일본에서 민중의 정치참가가 가능하다고 말하였다.

나아가 요시노는 민본주의의 운용방법을 대의정치(代議政治)에서 구하였다. 즉, 다수결에 의한 대의정치가 민본주의적인 정치의 유일한 형식이고[31], 대의정치는 선거를 통해서 실현되는 것으로 보았다.

여기에서 요시노의 선거에 대한 인식을 살펴볼 필요가 있다. 요시노는 선거권의 성격을 '첫째는 국민의 고유한 권리로 보는 것, 둘째는 국민의 고유한 것이 아닌 국가쪽에서 어떠한 목적을 가지고 특별히 국민에게 부여한 권리로 보는 것이 있다'고 두 가지로 분류하고, '국민의 고유한 권리로 보는 설'[32]을 지지하였다.

---

30) 吉野作造, 앞의 책, 124쪽.
31) 吉野作造, 앞의 책, 140쪽.
32) 의회 내지 선거제도를 논하는 데는 (중략) 吾人은 選擧權＝人民의 參政權＝을 本來人民의 固有한 權利로 보는 立場에서 출발해야만 한다. 固有의 의미는 法律에 근거하지 않고 선천적으로 있는 것을 말하는 것이 아니다. 법률에 의하고 있다는 것은 법률에 의해 만들어진 전연 새로운 권리가 아니고, 법률이 이를 인정하여 권리라고 하는 이유가 있고, 그 實質은 法律 以前에 이미 어떻게든 존재하고 있었던 것이다. 이러한 의미에서 選擧權의 본질이 人民의 固有한 權利

다음으로 그는 참정권의 이론적인 이유를 '인민주권론(人民主權論)', '프롤레타리아 권리신장론', '사회협동론'등으로 분류하였다. '인민주권론'은 군주주권을 절대 부정한다는 이유로, '프롤레타리아 권리신장론'은 선거권을 가지고 어떠한 다른 목적을 달성하기 위한 수단으로 이용한다는 이유로 부정하고, 참정권의 이론적 근거를 '사회협동론'의 입장에 기초하였다. 요시노는 사회협동론에 의한 선거권 부여에 대하여 다음과 같이 설명하였다.

우리들 인류는 오늘날 국가라는 단체생활에서 생존의 목적을 달성하고 있다. 우리들의 생활은 이 단체생활을 떠나서는 생각할 수 없다. 따라서 우리는 우리의 생활을 충실히 해야함과 동시에 단체 그 자체에도 충실해야만 한다. 여기에서 국가와 개인의 미묘한 유기적 관계가 성립한다. 이 유기적 관계를 기초로, 개인은 충분히 국가에 충실히 노력해야만 하고, 국가는 또한 개인의 발달을 조장해야 한다.

그리하여 한편 우리 국민은 각각 그 적극적인 책임으로서 나아가 국가를 경영해야 할 직접 분담을 가진다는 견해도 생기고, 또 국가경영의 적극적인 지분(持分)을 충분히 수행할 수 있는 지위를 부여해줄 것을 요구해야한다는 견해도 생겨난 것이다. 이것은 군주국과 민주국이 서로 다른 바가 아니다. 적어도 근대국가에 있어는 모두에게 공통되는 이론이라고 말해도 좋다.

그렇다면 우리는 국가 경영에 관한 적극적인 책임을 완수하기 위하

라는 것에는 一點의 의심도 없다(吉野作造, 『普通選擧論』, 萬朶書房, 1919, 14-15쪽).

여 물질적·정신적인 보장을 요구할 권리와 함께, 또 국가가 스스로 그 운명을 결정하는데 있어 그 의지 결정에 참가할 수 있는 고유한 권리를 주장하는 것도 가능해야만 한다. 또 국가도 국가를 조직하는 구성원을 물질적·정신적으로 충실하게 해야 할 뿐만 아니라, 나아가 그들로 하여금 국가를 위해 의식적으로 행동하게 해야 하는 것이 득책(得策)이며 또 필요하다. 이점이 실로 민본주의 정치가 근거하는 바이고, 또 동시에 선거권이 생기는 연원(淵源)이다.[33]

요시노는 일반적인 단체와 개인의 관계인식에서 출발하여 국가와 개인의 유기적인 관계, 즉 국가와 국민의 관계를 기부 앤드 테이크(give and take) 관계로 인식하였다. 이러한 관계는 군주국이나 민주국의 국체 차이와 관계없이 근대국가에 공통하는 보편적인 것으로 설명하였다. 구체적으로 국가경영에 관한 적극적인 책임을 수행하기 위하여 국민은 국가운명의 의지결정에 참가할 권리를 가져야하며, 그 결과 국민이 국가에 자발적으로 협력할 수 있게 만기 때문에, 군주국 국체하에서도 국민의 고유한 권리로서 선거권이 필요한 것이었다.

요시노는 군주국에서 국체와 관련된 천황과 민중의 관계를 도덕적인 관계로 설정하였다. 한편 군주국의 정치 영역에서 국가와 국민은 유기적인 관계이고, 국민은 의무와 권리의 주체이고, 선거권은 그러한 국민의 권리였다. 이러한 이론에 기초한 선거권은 말할 필요도 없이 보통선거권을 의미하였다.

---

[33] 吉野作造, 앞의 책, 24-25쪽.

3 보통선거를 둘러싼 정당과 특권세력의 대응

1) 정당의 대응

민중운동의 활발한 움직임에 대응하여 특권세력은 일정한 정치적인 양보를 강요받았다. 또한 보통선거운동의 전국적인 확산에 의해 각 정당은 중의원 의원선거법 개정에 관한 정책을 구체화시켜야만 했다.

1919년 하라를 수반으로 하는 정우회내각은 제41의회(1918년 12월 25일 - 1919년 3월 26일)에 중의원선거법개정안을 만들어 제출했다. 개정안의 중심 조항은 선거구제(選擧區制)의 변경과 선거권의 확대였다. 선거권 자격은 국세 10엔 납부자에서 3엔 납부자로 하향 조정되었으며, 선거구제는 대선거구제(大選擧區制)에서 소선거구제(小選擧區制)로 바뀌었다. 소선거구제는 각 선거구당 1명의 의원을 뽑기 때문에 민중운동세력이 중의원에 진출하는 것을 막는 역할을 수행함으로써, 중의원내에 계급대립이 현실화되는 것을 예방하기 위한 수단으로 간주되었다. 특권세력도 사회주의혁명에 대한 공포 때문에 소선거구제에 찬성했다[34].

---

34) 選擧區 문제에 대해서는 今井淸一,「小選擧區制の歷史的檢討」,『歷史學硏究』

선거권의 경우 헌정회는 선거권 자격을 국세 2엔 이상 납부자 또는 '독립 생계를 영위하는 자로 중등학교 졸업이상의 학력을 가진 자로 했다. 국민당은 선거연령을 5세 내려 20세로 하고, 국세 2엔 이상 납부자 또는 중등학교 졸업이상의 학력을 지닌 자로 했다.

그러나 이러한 제한선거법안에 반대하는 보통선거 지지자들이 각 정당 내에서 활동하고 있었다. 1919년 3월 8일 국민당에서 6명의 의원이 보통선거법안 제출을 주장하여 제명처분 받았다. 한편 헌정회에서는 1918년 말부터 구로스기 유타로(黑須龍太郎) 등의 활발한 활동에 의해 1919년 1월의 정무조사회(政務調査會)에서는 '이상으로서는 납세자격의 제한철폐에 찬성하고, 그 실현을 기대한다.'35)이라고 언급하였고, 2월 4일 오자키 유키오(尾崎行雄), 시마다 사부로(島田三郎) 고문 등 35명을 규합하여 '빨리 보통선거를 실현 해야한다.'고 결의하였다36). 그러나 보통선거법안 제출은 실현되지 못하였다.

선거법개정(1919년 5월 23일) 결과 정우회의 개정안이 그대로 채용되었다. 유권자의 총수는 약 300만명이 되었다. 그러나 이는 전인구의 5%를 조금 넘는 정도이며, 선거권자의 증가는 농촌지역이 높은 비율을 차지하고 있었다37). 즉 보통선거운동의 주류가 된 도시중간층과 무산자계층에

325호, 1967, 44쪽 참조.
35) 『大阪每日新聞』, 1919년 1월 17일.
36) 『大阪每日新聞』, 1919년 2월 6일.
37) 이 개정에 의해 유권자 수는 146만 명에서 286만 명으로 倍加되었다. 市部의 유권자 수는 18만 명에서 28만 명으로 증가한 것에 비해, 郡部의 유권자 수는 128만 명에서 258만 명으로 대폭 증가하였다. 그러나 市郡에 관계없이 새롭게

게는 선거권확대가 거의 이루어지지 않았다. 따라서 선거법개정은 도리어 보통선거운동을 고양시키는 결과를 초래하였다.

헌정회는 제42의회(1919년 12월 24일 - 1920년 2월 26일)를 준비하는 당대회에서 처음으로 '빨리 보통선거 제도를 확립해야 한다.'는 선언과 정책을 발표하였다. 그리고 제42의회에 보통선거법안을 제출하였다. 납세자격은 철폐하였지만, 선거권자가 독립 생계를 꾸려야 한다는 조건을 달고 있었기 때문에 제한적인 보통선거법안이었다. 한편 국민당은 선거연령을 5년 내려 20세로 하고, 납세자격을 철폐한 보통선거법안을 제출하였다.

제42의회의 보통선거법안을 원외(院外)에서 후원하기 위하여 1920년 1월 31일 '전국보선연합회(全國普選連合會)'가 결성되었다. 보통선거를 주장하는 43단체의 완전한 연맹으로, 노동·사상·기자·정치결사·학생·개조단체가 참가하였다. 특히 원내급진파(院內急進派)로서 헌정회 의원을 중심으로 현직 의원도 참가하였다[38].

선거법 개정에도 불구하고 보통선거의 요구가 강해지자, 하라 내각총리대신은 보통선거 문제를 정치쟁점화하여, 중의원을 해산하였다[39]. 개

선거권을 부여받은 신규유권자의 대다수는 保守的小地主層으로, 정우회의 基盤으로 인식되었다(美濃部達吉,「選擧法改正問題」,『太陽』, 1919년 2월호 참조).

38) 『大阪每日新聞』, 1920년 2월 1일.
39) 1920년 2월 14일 憲政會의 島田三郎은 보통선거법안(선거권은 25세이상의 독립 생계영위자에게만 주는 것이다)의 제안 이유로 계급제도 타파를 위해서는 보통선거를 실시하지 않으면 안된다고 주장하였다. 그의 주장은 납세자격을 가진 계급의 타파를 의미하는 것이었다. 이것에 대하여 原敬首相은 야당이 주장하는 納稅資格의 철폐는 계급제도의 타파이고, 현재 사회상황을 타파한다는 의미의 위험한 주장이기 때문에, 정부는 동의할 수 없다고 하면서 중의원을 해산했다.

정된 선거법에 따른 1920년 5월 10일의 총선거에서 하라의 정우회는 대승리를 거두었다[40]. 1920년 봄까지 활동을 계속했던 보통선거기성동맹회는 정우회의 대승으로 약체화되어, 1922년 8월에는 해산하였다. 해산 전까지 중의원내에서 보통선거 주장은 야당인 헌정회와 국민당(뒤에 혁신구락부)의 일부 원내급진파 의원의 주장에 지나지 않았고, 중요한 정치문제로도 인식되지 않았다. 그렇지만 보통선거 문제가 중의원해산과 총선거실시의 이유가 되면서 헌정회와 국민당은 보통선거를 정권장악의 중심축으로 인식하게 되었다.

한편 총선거의 결과는 사회주의진영에도 영향을 미쳤다. 사회주의자들은 총선거 이전에 이미 분열되어 있었다. 한쪽의 논리는 보통선거가 노동문제의 해결에 효과가 없다고 하는 보통선거무용론으로, 그 이론을 주장하던 대표적인 인물은 야마가와 히토시(山川均)였다. 다른 한쪽은 노동조합의 적극적인 보통선거운동 참가에 의해 이후 노동자정당의 성립을 기대한 것으로, 대표적인 인물은 사카이 도시히코(堺利彦)였다. 총선거 결과 정우회가 승리하여 야마가와의 견해가 주류가 됨에 따라, 사회주의운동진영은 보통선거운동에 대하여 그다지 중요시하지 않게 되었다. 이러한 보통선거운동에 대한 태도는 이후 만들어진 일본공산당(1922년 7월 창당)에서도 계속되었다. 따라서 일본공산당으로 대표되어진 무산계급세력은 1925년 보통선거법의 제정에도 직접적인 영향력을 행사할 수 없게 되었다.

---

[40] 해산 당시 政友會 162명, 憲政會 118명, 國民党 31명, 無所屬 68명으로 전부 379명이었다. 선거결과 政友會 278명, 憲政會 110명, 國民党 29명, 無所屬 47명으로 전부 464명이었다.

사회주의운동진영과 보통선거기성동맹이 후퇴를 보임에 따라, 이후 보통선거운동은 새로운 세력에 의해 주도되었다. 총선거 이후 헌정회계열의 노동단체·지방자치단체가 연대한 청년개조동맹41)이 보통선거운동을 실질적으로 이끌었다. 보통선거운동은 직접적으로 정당과 연대하게 되었다.

한편 중의원내에서 제44의회(1920년 12월 25일 - 1921년 3월 26일)를 맞이하여 1920년 11월 4일 '정계혁신보선동맹회(政界革新普選同盟會)'가 만들어졌다. 동맹회의 선언강령은 '보통선거의 단행, 정당의 개조, 민본주의를 기조로 하는 신문화의 건설'이었다.42) 그러나 동맹회는 각 보통선거 회파(会波)의 연락조직에 그쳐, 통일적인 보통선거법안을 제시하지는 못하였다.

1921년 11월 4일 하라가 암살을 당하면서 보통선거 문제를 둘러싼 정치환경도 급변하였다. 하라가 암살된 후 1주일사이에 원내외의 보통선거론자가 결집하여 다시금 '전국보선단행동맹(全國普選斷行同盟)'을 결성하였다. 원내 각파 연락위원회가 사실상의 지도권을 쥐고 있었다. 그 중심은 제1야당인 헌정회였다. '전국보선단행동맹'의 알선으로 원내 각파의 통일 보통선거안의 기초가 이루어졌다43).

헌정회는 이러한 상황의 변화에 근거해서 보통선거에 대한 정책을 전환하였다. 헌정회안은 제42의회 이후 선거권 자격을 25세이상의 남자

---

41) 靑年改造連盟은 憲政會의 청년행동대 역할을 수행하는 立憲靑年党을 중심으로, 早稻田大學의 普通選擧促進同盟會와 東京都內의 私立大學雄辯會를 중심으로 한 學生同盟이 가세하여 1919년 10월 31일에 조직했다.
42) 『東京朝日新聞』, 1920년 11월 4일. 5일.
43) 松尾尊兌, 앞의 책, 215-220쪽 참조.

로 독립생계자에 한정하는 것이었는데, 제45의회(1921년 12월 26일 - 1922년 3월 25일)를 맞이하여 25세이상의 남자 전원에게 선거권을 부여하는 정책으로 전환하였다. 이러한 정책전환은 중의원에서 야당이 통일적인 보통선거법안을 제출할 기반을 구축 하였다. 이에 국민당도 선거연령을 다시 25세로 올려, 헌정회・국민당 양당은 제45의회에서 납세자격을 폐지하고 25세이상의 남자 전원에게 선거권을 부여하는 야당통일 보통선거법안을 제출하였다.

헌정회를 중심으로 하는 정당에 의한 보통선거운동의 주도권 장악으로, 헌정회의 대표적인 보통선거론자인 고이즈미 도모지로(小泉又次郎)는 1923년 2월 25일 보선연맹간친회(普選聯盟懇親會)에서 원외운동의 중단을 주장하기에 이르렀다44).

한편 헌정회의 보통선거에 대한 의지도 변화하고 있었다. 제45의회에서 제2차호헌운동의 계기가 된 기요우라(淸浦) 내각의 제48의회까지, 통상의회에 대응하기 위한 당대회의 선언과 정책의 변화를 살펴보면 다음과 같다.

   제45의회　선언에 보통선거 없음.　정책에서 세 번째 '빨리 보통선거를 시행할 것'
   제46의회　선언에 보통선거 있음.　정책에서 두 번째 '빨리 보통선거를 시행할 것'
   제48의회　선언에 보통선거 있음.　정책에서 두 번째 '보통선거를

---

44) 『大阪每日新聞』, 1923년 2월 26일.

즉시 단행할 것'

(제47의회는 임시의회로 당대회가 없었음)『憲政會史』로부터.

헌정회의 당대회에서의 선언과 정책은 보통선거가 차지하고 있는 위상의 변화를 드러내 주었다. 헌정회의 정책이 민중의 보통선거요구를 대변했다고도 생각해 볼 수 있다. 보통선거운동은 정당세력에 의해 장악되었고, 거꾸로 정당세력은 민중의 보통선거요구를 대변해야만 하는 상황이 도래한 것이었다.

2) 특권세력의 대응과 그 논리

일찍이 위험사상으로 단속의 대상이기도 하였던 보통선거의 문제가 핵심적인 정치적 현안으로 떠올랐다. 특권세력들도 이 같은 변화에 대응해야만 했다. 1919년 8월 7일 덴 겐지로(田健治郎)는 야마가타 아리토모(山縣有朋)와의 대화에서 보통선거에 대하여 다음과 같은 인식을 드러냈다.

'구주대전(歐州大戰)의 결과, 세계 각국은 정치·사회문제·경제문제 등에 논의가 백출(百出)하고, 러·오·독(러시아, 오스트리아, 독일 : 인용자)의 경우는 국가 이미 전복되고, 와해되어 거의 수습할 수 없게 되었고, 영·불·이(영국, 프랑스, 이탈리아 : 인용자)의 경우도 위기가 가까워져 정계의 변동을 예상할 수 없는 상황이다. 우리나라(일본 : 인용자)도 그 영향을 받아, 쌀값문제, 노동문제, 경제정책, 배심재판소 등의 중요문제를 숙고하여 결행해야 할 것이 많지만, 그중에서도 보통 선거문제는 실로 국운의 소장(消長), 국체의 안위에 관한 것이다.」[45]

이러한 사태는 제1차 세계대전의 결과 지금까지 일본과 동일한 체제를 가지고 있었던 러시아, 독일, 오스트리아의 군주제국가가 붕괴되고, 군주제에 대한 데모크라시체제의 우위가 세계의 대세가 되었기 때문이었다. 대전후의 데모크라시는 일본 국내에도 영향을 미쳐 여러 가지 사회문제를 발생시켰다. 특히 데모크라시체제의 기초인 보통선거의 문제는 천황제 국체와의 관련 속에서 중요한 문제로 인식되었다.

새로운 시대조류에 적응하기 위하여 특권세력은 국체가 데모크라시와 모순되지 않는다는 점과 국체와 보통선거가 모순되지 않는다는 점을 증명할 필요가 생겼다. 특권세력은 보통선거의 문제를 어떻게 대응하려고 했는가. 덴 겐지로는 다음과 같이 말하였다.

> '우리나라에서는 이미 입헌대의정체(立憲代議政體)를 행하고 있으며, 점차 나아가 보통선거를 행하기에 이르렀다. 이것은 자연의 귀결로 이상할 것이 없다. 그러면 오늘날에 있어서 입국(立國)의 대방침을 결정하고, 세간의 소위 민본주의를 가지고, 우리 군민일가(君民一家)의 국정(國情)에 융합하는, 군민동치(君民同治)의 실적을 거두기 위하여, 먼저 보통선거법을 채택하고, (중략) 이것은 국체존중의 유일한 안전벽이다.」[46]

---

45) 內田嘉吉編, 『田健治郞傳』, 田健治郞傳記編纂會, 1932, 362쪽.
46) 內田嘉吉編, 위의 책, 362-363쪽.

덴은 보통선거를 시대의 조류로 이해하고, 그 이론적인 기초로서 민본주의를 받아들이고 있었다. 그 결과 보통선거를 오히려 국체의 안전벽으로 인식했다. 이러한 사고 방식은 야마가타의 '정체(政體)는 입헌군주제를 취하고, 정치는 민본주의이지 않으면 안된다'[47]라고 하는 인식에서도 드러난다. 야마가타와 덴은 민본주의를 수용하였다. 그러나 덴이 주장하는 민본주의는 민본주의자들과 그 내용을 달리했다. 그는 민본주의의 기원을 동양, 그리고 일본의 군주지배의 전통적인 통치논리, 즉 '군민동치(君民同治)'에 근거하고 있었다[48]. 따라서 보통선거 실시의 근거도 유럽과 일본은 다르다고 주장하였다.

 '(보통선거의 수용은 : 인용자주) 전쟁 등 일시적인 국가의 급난(急難)을 구한 것에 대한 권략적(權略的) 의의를 지니고 있지 않다. 국민은 국가 존립의 대임(大任)을 부담해야 하기 때문에, 국무에 참여시키는 것은 당연한 것으로 순정한 국가주의에서 나오는 것이다'[49]

---

47) 岡義武・林茂 校訂, 『大正デモクラシー期の政治ー松本剛吉政治日記ー』, 岩波書店, 1959, 35쪽.
48) 원래 데모크라시 사상은 서양의 신발견 학설이 아니고 동양 고유의 구사상이었다. (중략) 특히 우리나라에서는 건국 체제, 純然한 一民族으로 成立되었기 때문에 海內一家, 君民同治 사상은 늘 統治의 根本義이었다. 王朝時代政令의 要義는 첫째로 民生存濟의 정신에 기초해야만 했다. 이것은 書經에 所謂 國의 本은 民에 있어, 本을 강고하게 하면 國이 안녕하다는 格言과 一致한다. 英國에서 행하고 있는 公平隱健한 民本主義와 통하는 것이다(內田嘉吉編, 앞의 책, 367쪽).
49) 內田嘉吉編, 앞의 책, 370쪽.

보통선거권은 유럽의 경우 제1차 세계대전에 국민들이 참전한 것에 대한 보상적인 차원에서 이루어졌지만, 일본에서는 교육의 보급, 민지(民智)의 계발, 국방의 충실, 국민의 의무증가, 참정권의 확장, 국민의 국가에 대한 책임을 무겁게 하기 위해서 부여하는 것이라고 하였다. 덴에 있어서 민본주의의 실현은 위정자의 주도권 하에서 추진해야 할 것으로, 보통선거도 이러한 관점에서 실현시켜야 할 것이라고 생각하고 있었다.

1919년 9월 9일 덴은 보통선거론을 기초(起草)해서, 9월 15일 야마가타에게 보냈다. 야마가타는 덴에게 다음과 같이 말하면서 기본적으로 찬성의 뜻을 표하였다.

'보통선거론은 도저히 막을 수 없는 것이다. 요(要)는 점차 실시해서 우리 국체에 융합시켜야 하는 것이다.'50)

즉 특권세력은 지금까지 보통선거를 국체와 모순된다며 반대하였지만, 이제는 보통선거와 국체가 모순되지 않는다고 말하였다. 이것은 시대적인 조류에 밀려 보통선거를 승인할 수 밖에 없는 특권세력의 수세적인 보통선거 수용론이었다.

보통선거를 민심의 통일이라는 관점에서 좀 더 공세적인 보통선거 수용론도 등장하고 있다. 이러한 관점에서 육군대신 다나카 기이치(田中義一)는 제1차 세계대전의 교훈으로서 '국가총동원'의 필요성을 제기하며, 평시에도 국가총동원 실시를 준비해야 한다고 주장하였다51). 구체적으로

---

50) 內田嘉吉編, 앞의 책, 363쪽.

총동원과 보통선거를 관련지어 이론화한 우에스기 신키치(上杉愼吉)는 '정치상의 국민총동원으로서 보통선거를 실시'해야 한다는 논리의 '보통선거론'을 주장하였다52). 이러한 우에스기의 보통선거론에 대해서 보통선거에 찬성하는 『아등(我等)』에서는 다음과 같이 민본주의자의 보통선거찬성론과 다른 입장에서 보통선거를 지지하는 입장이 있음을 밝혔다.

> 국민적 생존권(인용자주 : 보통선거)이 과연 성립할 것인가 아닌가에 대해서 긍정 또는 부정하는 것, 각자의 국가관의 입장차에서 오는 것으로, 이러한 입장의 차이가 결국은 우에스기박사 일파 사람들의 입장과 국민의 입장 차이를 지시(指示)하는 것이다.53)

이것은 '국민의 입장'과는 다른 우에스기박사 일파의 보통선거론의 존재를 명확히 하였다. 『아등』은 두 입장의 차이를 다음과 같이 간단 명료하게 설명하였다.

> 치자계급(治者階級)의 어용학자는 '선거권을 주어 버려'라고 말한다. 민중은 '선거권은 국민으로서 당연히 가져야 할 것이다'라고 말한다54)

---

51) 『東京日日新聞』, 1919년 1월 4일.
52) 『國民新聞』, 1919년 2월 4일.
53) 「上杉博士と普通選擧と天賦人權說」, 『我等』, 1919년 3월호, 8쪽.
54) 『我等』, 위의 책, 9쪽.

치자계급과 민중이라는 각각의 대립하는 계층과 계급을 대표하는 보통선거론의 한쪽을 우에스기의 보통선거론55)이 맡고 있었다. 우에스기는 제1차 세계대전 이후 독일의 와해, 러시아의 공산화, 그리고 일본의 고립이라는 국내외의 혼란을 '흥망의 기로에 서지 않으면 안 되는 대난'이라고 하며, 이에 대응해야 한다고 주장했다. 위기의 극복을 위해 '거국일심, 거국총동원, 거국개병, 거국경제, 거국일민(擧國一民), 거국선거' 등의 6대 강령을 제창하였다56). 국내외의 위기로부터 벗어나기 위한 국민의 단결과 통합을 호소하였다.

보통선거의 근거에 대해서는 서양 모방에서 벗어나 '우리 국수(國粹)를 존중 유지하고, 국체의 근본에 맞는' 순일본적(純日本的)인 보통선거론을 주장하였다57). 이것에서는 덴과 야마가타의 보통선거론과 그다지 차이점을 발견할 수 없다.

덴·야마가타와 우에스기의 유사점은 국체를 근본으로 하는 보통선거가 왜 필요한가에 대한 설명에서 드러났다. 우에스기는 보통선거에 대하여 다음과 같이 말하였다.

국민일치의 정신력을 진기(振起)시켜 유지하기 위한 전제로, 국민일치의 정신력을 정치상으로 표현해야 한다. 국가의 대난(大難)을 맞이하

---

55) 上杉慎吉의 보통선거 주장은 1917년부터 시작된다. 1919년 2월 4일 『國民新聞』, 1919년 11월 발행 『暴風來』에서 「普通選擧論」, 1925년 8월 『普通選擧の精神』을 저술하였다. 기본적인 관점의 변화는 없다.
56) 上杉慎吉, 『普通選擧の精神』, 敬文館, 1925, 14-17쪽.
57) 上杉慎吉, 위의 책, 6쪽.

여 국민을 정치상 총동원하자는 것이 바로 보선운동의 대정신이다[58]

민본주의에 대한 소극적인 수용이 아닌 적극적인 보통선거의 활용을 주장하였다. 보통선거는 국민일치를 위한 총동원의 수단이었다. 또한 선거권 부여에 대하여 '자신의 이익을 주장하는 권리가 아니고, 국가 공공을 위한 의무'[59]라는 점을 분명히 하였다. 민본주의자의 국민의 권리로서의 선거권과 대비되는 국민의 의무로서의 선거권을 주장하였다.

이러한 생각은 본격적인 보통선거 준비조사를 시작한 가토 도모사부로(加藤友三郞) 내각의 '중의원의원선거조사회'의 '보통선거론의 요지'라는 항목에서도 드러났다. 그 중에서 '국체론에 근거한 것'이라는 항목[60]은 보통선거를 순일본적인 전통 위에 위치시키고 있었다. 또한 보통선거의 현재적인 근거를 다음과 같이 '정치적 근거에 기초한 것'이라는 항목으로 나타냈다.

> 12. 보통선거를 단행하여 신민익찬(臣民翼贊)의 도(道)를 넓혀 국민 전체로 하여금 국가에 대하여 중대한 책임을 지게 함으로써, 열렬한 애국심을 양성하며 국가 관념을 공고히 한다.

---

58) 上杉愼吉, 앞의 책, 7-8쪽.
59) 上杉愼吉, 앞의 책, 136-138쪽.
60) 一. 億兆와 國事를 談하는 것은 우리 國 國體의 精華이다. 이것은 실로 古來我國明帝의 내려주신 것으로 또한 我國 憲法制定의 根本儀 또한 이것에 있다.
　二. 널리 會議를 열어 萬機公論으로 결정하는 것은 明治維新의 浩謀로서 明治聖帝가 늘 訓諭하시는 代議이다. 普通選擧의 斷行은 가장 그 聖旨에 適當한 것이다 (衆議院議員選擧法調査會, 「選擧權ニ關スル調査資料」, 『衆議院議員選擧法改正案ノ沿革』, 1923, 18쪽)

15. 일조유사(一朝有事)의 때 전 국민을 대동원하기 위하여 미리 준비해야만 한다. 이것의 정신적 준비로서 보통선거의 실시를 필요로 한다61)

보통선거를 국가에 대한 의무이며, 총동원을 위한 정신적인 준비로서 위치시켰다. 국체론에 기초한 보통선거론은 민본주의적인 보통선거론에 비하여 공세적으로 대응하려고 하였고, 이것은 정부의 보통선거 논의에도 반영되었다.

가토 내각의 뒤를 이은 야마모토 곤페이(山本權兵衛) 내각에서는 1923년 10월 8일 각의에서 임시의회대책과 보통선거문제에 관한 정강(政綱)을 명확히 하는 문제가 검토되었다. 10월 15일 각의에서 보통선거문제에 대한 각 각료의 의견을 물었다. 이누카이 쯔요시(犬養毅) 체신대신, 덴 겐지로(田健治郞) 농무대신, 히라누마 기이치로(平沼騏一郞) 법무대신, 다나카 기이치(田中義一) 육군대신, 고토 신페이(後藤新平) 내무대신, 오카노 게이지로(岡野敬次郞) 문부대신이 차례로 의견을 개진하였는데 대체적으로 보선찬성론이었다. 여기에서 덴, 다나카 등의 특권세력의 중심도 보통선거에 찬성한 것이 명백하였다. 야마모토 내각총리대신은 각료의 동의를 얻어서, 현역군인인 다나카 육군대신을 제외한 5인을 선거문제위원으로 지명하여 구체안을 강구하도록 하였다. 10월 16일 수상관저에서 선거문제위원회가 열렸고, 5인 전원일치로 선거법개정에 관한 기본원칙이 결정되었다62). 그러나 야마모토 내각의 붕괴로 실현되지는 못했다.

---

61) 衆議院議員選擧法調査會, 앞의 책, 20-21쪽.

국체에 기초한 보통선거론을 지지하는 그룹의 구체적인 활동도 나타났다. 우에스기는 1925년 1월 보통선거법제정이 확실히 된 후 보통선거를 준비하기 위해 '보통선거준비회를 설립하자'라는 의견서를 고토 신페이에게 제출하였다63). 그 내용은 국체에 기초한 보통선거의 실시와 그 준비를 위한 단체의 설립을 주장하는 것이었다. 그 후 고토는 '보통선거준비회'를 만들었다64).

국체에 근거한 보통선거론과 민본주의에 기초한 보통선거론은 같은 시기에 존재하였며, 활동하고 있었다.

---

62) 一. 납세자격은 全廢한다.
　　一. 選擧權・被選擧權의 年齡을 25세이상으로 한다.
　　一. '獨立의 生計를 영위하는 者'라든지, '世帶主'라든지의 제한을 두지 않는다.
　　一. 새롭게 神官・僧侶・小學校教員에게도 被選擧權를 부여한다.
63) 國立國會圖書館憲政資料室所藏, 「普通選擧準備會를 設立せよ」, 『後藤文書』
64) 鶴見祐輔, 『後藤新平』四권, 後藤新平伯傳記編纂會, 1937, 768-782쪽.

4 소결

　　보통선거 주장은 1892년 오이 겐타로(大井憲太郎)를 중심으로 하는 자유당 일부세력으로부터 시작되었다. 그 후 1897년 '보통선거기성동맹회'가 소수지식인에 의한 계몽운동으로서 보통선거운동을 전개하였다. 이때 보통선거론은 국체를 기초로 하여 민권의 확장을 통해 국권을 강화하려는 것이었다.

　　러일전쟁 후 도시상공업자들의 보통선거 지지에 의해 보통선거법안은 제27의회의 중의원을 통과했지만 귀족원에서 부결되었다. 보통선거 주장은 국권의 강화수단이 아니라 국체와 모순되는 것이 되었고, 여전히 일부 계층에 의한 지지에 그치고 있어 대중성을 결여하였다.

　　민중의 정치적 역량은 제1차호헌운동에서 시작하여 제1차 세계대전과 러시아혁명, 쌀소동으로 급격하게 증대하였다. 이에 따라 민중의 보통선거요구도 높아졌다. 이를 이끌어던 것이 지식인의 언론활동이었다. 그들의 이론적인 기초는 요시노 사쿠조(吉野作造)의 민본주의였다. 요시노의 민본주의는 국체와 국체의 운용을 분리해서, 운용의 수단으로서 보통선거를 채용하여 국체와 모순됨 없이 군주 국체 하에서도 국민의 권리로서 보통선거가 성립할 수 있다는 보통선거론을 제공하였다. 이것이 입헌군주제적인 보통선거론이다.

제2장
정당내각 성립과 한계
- 보통선거법 제정 -

하라 다카시(原敬)내각(1918-1921년) 하의 총선거 이후 헌정회(憲政會), 국민당 등의 정당도 민중의 보통선거 요구를 수용하게 되었다. 한편 특권세력도 약화된 지배체제의 회복과 재편을 꾀하였다. 이를 위해 특권세력은 가토 도모사부로(加藤友三郎) 내각과 야마모토 곤페이(山本權兵衛) 내각에서 보통선거 실현을 위해 스스로 움직이기에 이르렀다. 이러한 상황 속에 호헌삼파내각(護憲三派內閣)은 보통선거법을 성립하였다.

정당과 특권세력의 보통선거에 대한 관점의 차이는 호헌삼파내각의 보통선거 논의와 법안에도 나타난다. 관점의 차이는 국민의 정치참여를 보장하는 보통선거와 국가권력 소재를 의미하는 국체(國体)의 관계를 어떻게 이해하느냐에 따른 것이다. 보통선거의 논의과정에서 국체의 위치는 각 시기의 정치 상황에 따라 변화하였다. 정당과 그들의 지지자들은 천황 국체 하에서 보통선거의 실현을 위해 움직였고, 특권세력은 국민의 정치참여를 수용하면서 천황 국체의 유지를 위해서 움직였다.

1 호헌삼파내각의 보통선거법안

1) 정치적인 경과

야마모토 내각은 보통선거 채용에 적극적이었지만 정당내각을 열망하는 정당과 민중의 지지를 받지 못하는 상황에서 도라노 문(虎ノ門)사건을 계기로 총사직하였다. 1924년 1월 7일 귀족원을 모태로 하는 기요우라 게이고(淸浦奎吾) 내각이 등장했다. 헌정회・정우회・혁신구락부의 3당은 기요우라 내각을 특권내각으로서 규정하고 반대의사를 분명히 하였다. 1924년 1월 18일 정우회의 다카하시 고레키요(高橋是淸), 헌정회의 가토 다카아키(加藤高明), 혁신구락부의 이누카이 쯔요시(犬養毅) 등 각 당 당수는 추밀원 고문관이던 미우라 고로(三浦梧郎)의 주선으로 삼당수회의를 개최했다. 이 회의해서 정당내각제를 확립한다는 합의가 이루어졌다[1]. 이것이 제2차 호헌운동의 계기가 된 것이었다.

1924년 1월 22일 삼파영수협의회에서는 '정당내각제를 확립할 것, 특권세력의 전횡을 저지할 것, 이 목적을 관철하기 위하여 장래에도 또한

---

[1] 『大阪朝日新聞』, 1924년 1월 19일.

일치된 태도를 취할 것, 이상의 취지에 따라 기요우라 내각을 부인할 것'2)을 결정했지만, 보통선거의 시행에 대해서는 아무런 언급도 없었다. 같은 해 2월 15일 공표된 삼파 협동 성명에도 특권내각의 타도와 여당의 절멸(絕滅)을 외치고 있을 뿐이었다. 이것은 지금까지 보통선거를 반대하는 정우회에 대한 배려로 생각되었다.

한편 이것을 이용하려는 기요우라 내각의 움직임도 있었다. 기요우라 내각은 유권자를 독립 생계를 유지하는 자로 한정하는 조건을 달고 보통선거법안 제출을 약속했다. 정우회를 동요시키는 효과를 기대했던 것이다3).

제2차호헌운동에 대응해서 기요우라 내각은 1924년 1월 31일 중의원을 해산했다. 총선거에 임하는 호헌삼파는 보통선거에 대하여 원칙적으로 동의했다4).

---

2) 橫山勝太郞監修,「第二護憲運動秘史」, (『憲政會史』付錄), 憲政會史編纂所, 1926, 25쪽.
3) 松尾尊兌, 『普通選擧制度成立史の硏究』, 岩波書店, 1989, 296~98쪽.
4) 정우회는 1924년 2월 8일 간부회에서 총선거에 대처할 정책을 결정했다. 정책은 농촌진흥, 세제정리, 행정정리, 금리인하, 농산물 관세부활 등에 그쳤다. 보통선거는 '당의(党議)결정 기관이 없기 때문에 각 후보자의 자유의지에 일임하는 것'으로 되었다. 그러나 정우회는 2월 12일 정우회·헌정회 양당 최고수뇌부의 비밀회의에서 보통선거법을 제정하는 것에 원칙적으로 동의했다(橫山勝太郞監修, 위의 책, 28쪽). 헌정회는 1924년 2월 9일 선거위원회에서 보통선거 즉행(卽行), 기강숙정, 행·재정정리를 특히 강조했다. 2월 27일 최고간부회는 구체적인 세목을 정했다. 세목에는 보통선거에서 납세자격의 무조건철폐, 대선거구제의 채용, 다음 총선거에서 실시라는 세 가지 원칙을 명시했다 (『國民新聞』, 1924년 2월11일, 2월 29일). 혁신구락부(革新俱樂部)는 보통선거의 단행(납세자격의 무조건철폐), 귀족원령의 개정, 행정·재정·세제의 근본적인 정리단행의 3대정강을 계속해서 내걸기로 결정했다(『國民新聞』, 1924년 2월 27일).

총선거 결과5) 기요우라 내각은 1924년 6월 7일 총사직하고, 6월 9일 헌정회의 가토 다카아키(加藤高明)가 내각총리대신으로 지명되었다. 6월 11일 헌정회의 가토 다카아키를 수반으로 하는 호헌삼파내각이 성립했다. 신내각의 정강(政綱)은 보통선거의 실시, 행정·재정의 정리, 기강숙정의 헌정회 정강이 중심이었다. 보통선거 문제는 제49회 특별의회(1924년 6월 28일 - 7월 18일)에서는 기간이 촉박하였기 때문에 다음 통상의회로 연기되었다.

호헌삼파는 보통선거법을 제정하기 위하여 1924년 6월 30일 '삼파보선위원회'6)를 설치했다. 이 위원회는 7월 10일 이후 정부와 관계없이 조사를 진행하여 9월 1일 전체 요강의 심의를 끝냈다.

한편 7월 27일 내무성에서 지방국·경보국 관계자회의를 열어 보통선거법의 근본방침을 협의 결정하여 입안했다. 8월 22일 내무성 내 수뇌회의에서 원안을 심사했다. 중의원 제출법안은 9월 4일과 8일 정부와 협의를 한 후, 내무성과 사법성에서 작성한 원안과 삼파위원회안을 합쳐서 만들어졌다. 그러나 벌칙과 구제(區制)의 요강은 결정할 수 없었다. 10월 15일은 벌칙, 10월 29일에는 구제가 완성되었다. 이 안을 중심으로 검토한 법률안은 1924년 12월 12일 각의에서 결정되었다. 정부는 보통선거법

---

5) 총선거 전의 의석 수는 다음과 같다. 정우본당 149명, 입헌정우회 129명, 헌정회 103명, 혁신구락부 43명, 경신구락부(庚申具樂部) 23명, 무소속 14명이었다. 선거 후의 의석 수는 헌정회 154명, 정우본당 114명, 입헌정우회 101명, 중정구락부(中政俱樂部) 42명, 혁신구락부 29명, 실업동지회 8명, 무소속 16명이었다.
6) 삼파보선위원회의 위원은 헌정회 7명, 정우회 5명, 혁신구락부 3명의 15명으로 구성되었다.

을 1924년 12월 16일에 추밀원에 송부했다[7].

추밀원은 보통선거실시에 의한 사회주의사상의 확산을 우려하여 정부에 교육의 정비와 사상 통제의 법규제정과 단속을 요구했다. 요구는 치안유지법의 제정에 의해 실현되었다[8]. 1925년 2월 20일 보통선거법안은 추밀원을 통과했다. 정부는 중의원의 원선거법 개정법률안을 2월 21일 중의원에 제출했다.

2) 정부의 보통선거법안

정부 내부에서 처음으로 보통선거법안에 대한 대략의 방침이 만들어진 것은 제2차 야마모토 내각이 중의원 의원선거법 개정을 추밀원에 자문했을 때였다[9].

특히 주목해야 할 점은 선거권에 대한 납세의 요건을 삭제함과 함께 '부랑인, 걸인(다른 적당한 용어가 있다면 이를 변경할 수 도 있음 : 원문 그대로) 및 공비(公費)의 구조(救助)를 받는 자를 결격자로 한다' 라는 조항을 만든 것이다. 또한 입후보할 경우 보증금으로 1000엔의 공탁을 요구하였다[10].

---

7) 중의원의원선거법은 '헌법에 부속하는 법률'의 하나이기 때문에, 개정은 초안을 천황이 추밀원에 자문하는 것으로 되어있다(樞密院官制 第六條). 따라서 정부는 법안을 의회에 제출하기 전뿐만 아니라, 의회에서 수정된 이후에도 추밀원의 심사를 받아야만 했다.

8) 치안유지법은 1925년 3월 19일에 제정되었다. 보통선거법은 10일 후인 3월 29일에 성립했다.

9) 臨時法制審議會, 「諮問第五号答申書の衆議院議員選擧法中改正綱領」, 『樞密院會議議事錄』, (國立公文書館所藏), 1923년 11월 12일. 15일, 12월 5일.

이전의 선거법에 비해 선거운동의 단속도 강화되었다. 구체적으로 나열하면 다음과 같다.

1. 선거사무소를 신고할 것
1. 선거사무소의 수는 이를 제한할 것
1. 선거운동원을 신고할 것
1. 선거사무원의 수는 이를 제한할 것
1. 선거운동원의 자격을 제한할 것
1. 후보자의 호별(戶別)방문을 금지할 것
1. 선거운동자의 호별방문을 금지할 것[11]

기요우라 내각은 중의원 의원선거법 개정안을 1924년 2월 21일 추밀원에 자문했다. 그러나 기요우라 내각의 붕괴와 함께 6월 18일 개정안은 추밀원에서 내각으로 되돌아왔다. 추밀원에 자문한 내용 중 선거권은 '독립의 생계를 영위하는 자'로 제한했지만, 피선거권에 대해서는 입후보할 경우 보증금과 함께 1000엔 또는 이에 상당하는 액면의 공채증서의 공탁을 요구하는 등, 선거운동 조항은 야마모토내각의 선거운동 단속 요강이 그대로 구체적인 법안으로 만들어졌다[12]. 선거권은 제한되고 선거운동의 단속은 강화하는 방향이었다.

---

10) 臨時法制審議會, 앞의 책, 1923년 11월 15일, 12월 5일.
11) 臨時法制審議會, 앞의 책, 1923년 12월 5일.
12) 「衆議院議員選擧法中改正法律案帝國議會ヘ提出ノ件」, 『樞密院會議議事錄』, (國立公文書館所藏), 1924년 2월 21일 자문, 6월 16일 반환.

가토 다카아키 내각이 제50회 의회에 제출한 정부안에 선거권의 납세요건 철폐되었지만, 야마모토 내각기 정부의 '중의원의원선거법중개정요강'에서 선거권 제한요건과 비슷한 6조 3항 '빈곤 때문에 공사(公私)의 구휼을 받는 자', 4항 '일정한 거주지를 지니지 않는 자'는 유지되었다. 또한 법안은 이전에 부칙을 포함해서 113조였던 것이 새로운 정부안은 부칙을 제외하고 150조이었다. 새로 만들어진 조항은 제10장 선거운동, 제11장 선거운동비용에 집중되어 신설되었다. 중요한 점은 공탁금 규정, 선거비용 제한, 호별방문 금지 등 입후보의 제한과 선거운동방법의 제한 선거운동 위반의 벌칙이 강화된 것이다. 야마모토, 기요우라 내각이 추밀원에 자문했던 선거법개정안이 그대로 실현되었다. 선거구제는 소선거구제에서 중선거구제로 바뀌었다. 선거권의 제한과 선거단속의 강화라는 기존 기조는 그대로 유지되었다.

2 제50회 의회의 보통선거논의

중의원에서 보통선거에 대한 논의는 가토 내각총리대신의 취지설명에 의해 시작되어, 반대론에 대한 질의응답에 이어 정부와 정우본당의 수정안에 대한 각각의 지지발언으로 진행되었다.

중의원의 보통선거 논의에 대한 반대론은 대략 보통선거의 사상, 국민의 정치능력의 두 가지 측면에서 제기되었다. 먼저 정우본당의원이었던 이노리 뵤다이(禱苗代)의 중의원 의원선거법 개정법률안에 관한 질의는 보통선거반대론측의 보통선거에 관한 인식을 보여주었다.

보통선거는 구미 노동자의 정치 운동의 산물로, 보통선거를 요망하는 사상의 근거는 인간은 태어나면서부터 자유·평등을 가지고 있기 때문에, 국가의 통치권을 한 사람이 가지는 것은 도리에 반한다는 것이다. 그러므로 이것(국가의 통치권 : 인용자주)은 인민의 손에 놓여야만 하는 것으로, 주권재민의 사상이 배태(胚胎)되어 있다는 것은 명백한 사실이다. (중략) (보통선거가) 자유·평등의 사상에 기초해 있다면 우리나라와 같이 황실을 중심으로 하는 계급이 분명해서 군신의 명분이 명확히 정해져 있는 나라에서는 허용될 수 없는 사상이라고 단언한다[13].

반대의 논리는 보통선거의 사상이 인간의 자유·평등에 기초한 주권재민의 사상에서 나왔기 때문에 군신의 구분이 명확히 존재하는 일본에서는 허용하기 어렵다는 것이었다. 구체적으로 납세조항의 철폐는 일가족 내에 많은 사람에게 선거권을 부여하여, 선거시에 가족내의 불일치로 분란(紛亂)을 야기하기 때문에 가족제도의 해가 된다는 이유로 반대하였다. 즉 '가족제도라는 것은 단지 국민 사이에서만이 아닌, 황실을 중심으로 하는 가족제도라는 것으로, 즉 우리 일본은 하나의 종합적 가족제도라고 말해도 좋다고 하겠다. 이 같은 가족제도의 유지발전에 의해 우리나라의 국가기초라는 것도 견고하게 되기 때문에 (중략) 떨어질 수 없는 제도'14)로서 납세조항을 철폐한 보통선거법은 '가족제도를 파괴하고 국체에 영향을 미칠 염려'15) 때문에 철회되어야 한다는 논리였다. 일본을 황실을 중심으로 하는 가족국가로 이해하고 보통선거도 가족의 논리로 반대하고 있다.

다음의 반대논리로 정우본당의 하토야마 이치로(鳩山一郎)는 '정부당국의 설명으로는 일반국민이 오늘날 모두 정치능력을 갖추게 되었다. 우리 당은 아직 일반국민의 정치능력, 모든 국민이 정치를 이해하는 능력을 지니지 못했다고 생각한다.'16)라고 말하였다. 정우본당은 국민의 정치능

---

13) 禱苗代의 衆議院議員選擧法改正法律案에 대한 질의. 衆議院事務局, 『衆議院議事速記錄』(以下速記錄)第四五·四六卷, 1925년 2월 21일, 336쪽(東京大學出版會, 1979).
14) 禱苗代의 衆議院議員選擧法改正法律案에 대한 질의. 『速記錄』, 1925년 2월 21일, 336쪽.
15) 衆議院議員選擧法改正法律案委員長 藤澤幾之輔의 委員會會議報告에서 鳩山一郎(政友本党)의 발언을 정리. 『速記錄』, 1925년 3월 2일, 470쪽.
16) 鳩山一郎의 衆議院議員選擧法改正法律案에 대한 반대연설. 『速記錄』, 1925년

력 미비를 이유로 국민의 정치능력을 인정하는 보통선거찬성론에 전면적으로 대립하면서 보통선거법의 제정에 반대했다. 반대론자는 가장(家長)선거제, 세대선거제를 주상했다.

보통선거찬성론의 입장에서 내각총리대신 가토 다카아키(加藤高明)는 중의원 본회의에 보통선거법안을 제출한 후, 선거권의 근거에 대하여 「헌법제정의 궁극의 취지는 널리 국민으로 하여 대정(大政)에 참여하게 하고, 널리 국민으로 하여 국가의 진운(進運)에 부조(扶助)하게 하는데 있다」17)라고 말하고, 헌법제정의 취지에 근거해서 국민에게 참정권을 부여한다고 인식했다. 구체적으로 보통선거의 사상은 주권재민에 근거하는 것이 아닌가라는 정우본당 이노리 보다이의 질의에 대하여 내무대신 와카즈키 레이지로(若槻礼次郎)는 다음과 같이 말하였다.

> 민주주의를 토대로 입안되어진 것이 아닌가라는 질문이 있었는데 전연 그렇지 않다. 무릇 입헌정치의 시행은 국민과 함께 정치를 하겠다는 취지로 그 국민의 정치능력이 충분히 발달한다면, 모든 국민과 함께 정치를 하는 것이 입헌정치를 편 처음의 취지이다. (중략) 국민에게 보통선거제도를 실행하는 것은 일본이 입헌정치를 편 당초부터 결국 도달해야 할 당연한 행로라고 생각한다. 결코 근거가 민주주의 등에 있을 이유가 없다18).

3월 2일, 490쪽.
17) 加藤高明 총리대신의 衆議院議員選擧法改正法律案에 대한 연설. 『速記錄』, 1925년 2월 21일, 355쪽.
18) 檮苗代의 질문에 대한 내무대신 若槻禮次郎의 답변. 『速記錄』, 1925년 2월

라고 답변하였다. 즉 와카즈키는 보통선거법의 근거를 민주주의가 아닌, 입헌정치에 기초한 국민의 정치능력 발달에 따른 당연한 결과라고 말하였다. 내무대신 와카즈키가 말한 입헌정치에 근거한 국민과 함께 정치를 하겠다는 취지가 어떤 의미인가는 분명히 드러나지 않는다. 가토 내각총리대신은 입법취지의 설명 중에 다음과 같이 말하였다.

> 널리 국민으로 하여금 국가의 의무를 부담시키고, 널리 국민으로 하여금 정치상의 책임에 참가시켜 국운발전의 중심으로 하는 것이 현재 가장 급무라고 인정했다. 이러한 취지에 따라서 보통선거제를 골자로 하는 중의원 의원선거법 개정안을 제출했다.[19]

국민의 정치 참여는 국민에게 국가의 의무를 부담시키면서, 정치상의 책임에 참가시키기 위해서이고, 보통선거를 이러한 취지에 따라 국민의 정치적 권리보다는 국운발전의 수단으로서 위치시키려고 하였다. 보통선거를 민주주의의 토대가 아닌 국민의 의무로 하고, 국가발전의 수단으로 위치시키는 것은 보통선거 실현의 근거를 설명할 때에도 나타났다.

가토 내각총리대신은 보통선거를 실시하는 근거인 '정치능력'에 대하여 다음과 같이 말하고 있다.

21일, 367쪽.
19) 加藤高明 총리대신의 衆議院議員選擧法改正法律案에 대한 연설. 『速記錄』, 1925년 2월 21일, 355쪽.

학제반포 이래 50여년이 지난 오늘날 국민의 지견(知見)도 크게 진전되었고, 국민교육의 보급 정도도 세계열강에 비해 손색이 없다. 징병령에 의해 국민개병제도를 시행한 이래 50년, 그 사이 수차례의 대외전쟁도 겪으면서 많은 국민이 의용봉공(義勇奉公)의 정성으로 국가방호의 책임을 다하는 실적을 거두는 것을 보고 충분히 (국민을 : 인용자주)신뢰할 수 있게 되었다. 또한 지방자치 창시로 국민의 정치적 시험을 거친 것도 50년에 가깝기 때문에 정치적 책임의 자각과 보급이 이루어진 것도 자못 철저하다고 인정된다[20].

가토는 국민교육의 보급에 따른 국민지식의 향상, 대외전쟁을 통해 발휘된 국민능력의 발휘, 그리고 지방자치 이래의 정치경험에 기초해서 일본국민이 보통선거를 실시할 수 있을 정도로 성숙했다고 생각했다. 보통선거는 '국민의 정치능력'이 성장했기 때문에 가능하고, 또한 '국민의 정치능력'의 발전 결과이기도 하였다. 또한 이전 국민의 정치능력이 충분히 발달하지 못한 때에는 국민의 정치참여의 문제가 어떻게 설명될 수 있는지에 대하여 다음과 같이 설명하였다.

정치능력이 발달한 자에게만 선거권을 부여하고, 정치적 판단능력이 없는 자가 정치에 참여하여 국무를 잘못하는 일이 없도록 한 것이, 이제까지 납세에 제한을 두는 이유였다. 나는 납세제한을 나쁘다고는 생각하지 않았다[21].

---

20) 加藤高明 총리대신의 衆議院議員選擧法改正法律案에 대한 연설. 『速記錄』, 1925년 2월 21일, 355쪽.

가토는 국민의 정치능력 판단기준을 납세에 두고 선거자격을 제한을 하는 것을 적당한 조치로 인식하고 있었다. 그렇지만 국민의 정치능력 성장·발전이 납세액에 의한 제한선거에서 보통선거로 나갈 수 있게 했다는 의미이기도 하였다. 가토의 이러한 인식은 여당을 구성하고 있는 호헌삼파의 다른 정당에서도 보인다. 혁신구락부를 대표해서 선거법개정법률안에 대한 찬성연설을 행한 하마다 구니마쓰(浜田國松)는 다음과 같이 말하였다.

> 헌법을 시행하고서 벌써 30여년, 이 사이에 우리 제국의 국민은 어떠한 시련을 겪었을까. 말할 필요도 없이 청일, 러일 양대전쟁 당시 우리 국민은 국방·경제의 방면에서 혹은 정치의 방면에서 극도의 국민적 능력을 발휘하여 그 소질을 공인받은 국민이다. 더욱이 근년에 유럽전쟁이 일어나서 또다시 이 전쟁에 참가하여 세계열강에 비해 손색이 없는 국민소질과 민족실력을 발휘하여 국위를 선양한 것은 어느 누구도 이론이 없을 것이라고 생각한다. 이를 중요하게 인정해서 오늘날 우리 국민에게 보통선거권을 부여하는 것은 당연한 것이다[22].

하마다는 전쟁을 통해서 발휘된 국민의 능력에 의해 보통선거를 실현할 수 있는 기초가 마련되었다고 인식하고 있다.

---

21) 내무대신 若槻禮次郞의 衆議院議員選擧法改正法律案에 대한 연설. 『速記錄』, 1925년 2월 21일, 356쪽.
22) 浜田國松의 衆議院議員選擧法改正法律案에 대한 찬성연설. 『速記錄』, 1925년 3월 2일, 493쪽.

또한 보통선거는 국체와 관련이 없다는 것을 밝히고 있다. 납세조항 철폐가 가족제도를 해치고 궁극적으로 천황 국체에도 영향을 미칠 염려가 있다는 것에 대하여 와카즈키는 보통선거와 만세일계의 황실을 받드는 국체는 하등 관계가 없다고 하였다[23]. 결국 보통선거의 근거는 민주주의에도, 국체에도 근거를 두고 있지 않다는 것이었다. 호헌삼파내각의 보통선거론은 특권세력의 보통선거론, 즉 국민의 책임과 의무로서의 보통선거론을 벗어나지 못했다.

지금까지의 보통선거찬성론과는 다른 찬성론도 있었다. 헌정회를 대표해서 보통선거찬성론을 주장한 사이토 다카오(齋藤隆夫)[24]의 찬성론이다. 그의 보통선거론은 사이토의 시대인식에서 출발한다.

　　소수정치에서 다수정치로 이동하고, 관료정치에서 국민정치로 이동하여, 오늘날의 세계입헌국은 확실히 다수정치, 국민정치의 시대로

---

23) 衆議院議員選擧法改正法律案 위원장이었던 藤澤幾之輔의 보고. 『速記錄』, 1925년 3월 2일, 470쪽.
24) 齋藤隆夫는 1870년 8월 18일 兵庫縣에서 태어났다. 그는 東京專門學校(早稻田大學)를 다녔고 변호사가 되었다. 1901년 도미해서 옐대학 법과대학원에서 公法과 政治學을 배웠다. 1912년 국민당의 추천으로 兵庫縣에서 출마하여 당선되었다. 1919년에는 4개월간 万國商事會議의 참가를 위해 유럽을 방문하여 民本主義의 대세를 확인하였다. 그는 제42의회에서 헌정회의 간부로서 스스로 보통선거법의 시안을 작성한, 헌정회의 보통선거법 即行論者의 중심인물이었다. 1924년 보통선거를 다루기 위하여 삼파위원회가 조직되었을 때에 조사항목의 정리를 담당하였다. 그는 당시 헌정회의 대표적인 보통선거 이론가였다(伊藤之雄, 『大正デモクラシーと政党政治』, 山川出版社, 1987, 292쪽 참조). 齋藤隆夫의 衆議院議員選擧法改正法律案에 대한 찬성연설. 『速記錄』, 1925년 3월 2일, 478쪽.

이동하고 있다. 이 사실은 각국의 정체(政體) 차이와는 아무런 관계가 없고, 각 정체에 공통으로 나타나고 있는 점으로 근대 문명정치의 특징을 생각할 수 있다[25].

다수정치, 국민정치로의 이행은 시대의 추세이고, 보통선거는 정체의 성격과 관계없이 어느 나라에나 적용될 수 있는 일반적인 것으로 이해하였다. 사이토의 보통선거론에서 주목되는 점은 '정체'에 대한 사고방식이다.

> 확실히 한 나라의 정체가 되는 것은 역사의 정화이다. 이것을 윤리적으로 본다면 건국의 대정신이고, 법률적으로 본다면 권력의 소재이다. 그렇지만 정치상의 운용방법은 아무래도 그 시대 문화의 정도, 국민의 사상, 정치계의 상황, 그 외에 존재하는 사회적 현상에 순응해야 하는 것은 논할 필요도 없는 것이다. 군주정체 하에서 입헌정치를 일으키고, 이어서 보통선거를 행하여 소위 다수정치의 열매를 거둘 수 있는 것은 전부 이러한 원인에 있는 것이다[26].

정체는 권력의 소재에 다름 아니지만, 정치상의 운용은 시대의 추세에 순응해야 한다는 것이다. 보통선거를 일본과 같은 군주국에서도 실시할 수 있는 것은 다수정치, 국민정치로의 시대 변화에 따라 정체와 관계없이

---

25) 齋藤隆夫의 衆議院議員選擧法改正法律案에 대한 찬성연설, 『速記錄』, 1925년 3월 2일, 478쪽.
26) 齋藤隆夫의 衆議院議員選擧法改正法律案에 대한 찬성연설, 『速記錄』, 1925년 3월 2일, 478쪽.

정치상의 운용이 가능하기 때문이라는 것이다. 사이토는 한발 더 나아가 보통선거와 국체와의 관계를 헌법에 규정되어 있는 내용에 대한 해석에서 명확히 드러냈다.

> 대일본제국은 만세일가의 천황이 통치한다. 이것이 우리 국체의 전부라는 것은 일본국민이라면 누구나 답변할 수 있는 것이다. 그리고 헌법의 다른 장조(章條)에 의하며, 천황은 국가의 원수로서 통치권을 총람할 수 있지만, 통치권을 행사하는데 있어서는 반드시 헌법의 장조에 따르지 않으면 안된다[27].

입헌군주제라는 관점에서 천황의 통치권은 헌법에 따라서 행사되어야 한다는 것이다. 천황은 제국의회의 보필을 받아서 통치한다. 제국의회에서 국민들의 의견수령은 중의원을 통해서 이루어진다. 따라서 중의원의원선거권을 '국민이 국가의사결정에 관여하는 권리'[28]로서 이해한 위에, 구체적으로 보통선거를 통해 국민의 정치적 통일과 함께 국민의 정치적 능력이 발휘될 수 있다는 것도 지적하였다[29]. 사이토는 민본주의적인 헌법인식에 기초하여 보통선거를 주장하였고, 보통선거가 시대적인 흐름이며 국론통일의 수단이라는 점도 인식하고 있었다.

---

[27] 齋藤隆夫의 衆議院議員選擧法改正法律案에 대한 찬성연설. 『速記錄』, 1925년 3월 2일, 479쪽.
[28] 齋藤隆夫의 衆議院議員選擧法改正法律案에 대한 찬성연설. 『速記錄』, 1925년 3월 2일, 478쪽.
[29] 齋藤隆夫의 衆議院議員選擧法改正法律案에 대한 찬성연설. 『速記錄』, 1925년 3월 2일, 479쪽.

3 보통선거법의 특징

보통선거법안은 정부 제안으로 1925년 2월 21일 중의원 본회의에 상정되었다. 3월 2일 중의원에서 삼파는 수정안을 가결시켰다. 중요한 내용은 화족(華族)의 호주에게 선거권과 피선거권을 부여하는 정부안에 반대하여, 화족의 호주에게 선거권과 피선거권을 부여한 것이었다.

3월 4일 귀족원에 상정, 3월 26일 귀족원에서 수정안을 가결, 중의원에 회부하였다. 중요한 내용은 선거권 제한요건인 6조 3항의 독립 생계를 영위하지 못하는 자의 의미를 '생활을 위해 공사의 구조(救助)를 받거나, 혹은 부조(扶助)를 받는 자'로 변경한 것이었다. 그리고 화족 호주의 선거권과 피선거권을 다시 부정하고, 선거사무장의 매수행위에 대해 당선인의 연좌처벌을 인정했다.

3월 27일 양원협의회가 개최되었고, 법안은 3월 29일 중의원·귀족원을 통과했다. 6조 3항은 '빈곤으로 인하여 생활을 위해 공사의 구조를 받거나 혹은 부조를 받는 자'로 중의원 의향을 중심으로 정리되었다. 화족 호주의 선거권 및 피선거권은 귀족원의 의지대로 부정되고, 선거사무장의 매수행위에 대한 당선인의 연좌처벌은 중의원의 의견을 인정하여 부정되었다.

　1925년 중의원 의원선거법 개정에서 눈에 띄는 변화는 선거권자의 증가에 있다. 1919년 하라 내각의 선거법개정에 의해 확보된 선거권자의 수는 약 300만 명정도로, 자격은 직접 국세 3엔이상을 납부하는 자로 한정했다. 1925년 선거법개정, 즉 보통선거법 제정에 의한 선거권자의 수는 1240만명이 되어 1919년보다 4배이상의 증가를 보였다[30]. 그렇지만 1925년 선거법은 선거권자의 대규모 확대에도 불구하고, 많은 문제점을 내포하고 있었다.

　유권자는 전인구의 6%에서 21%로 증가했다. 이러한 수치는 서구에 비하여 떨어지는 비율이었다. 당시 부인참정권이 있는 독일은 전인구의 60%, 영국은 50%, 미국은 42%인데, 부인참정권이 없는 프랑스는 27%, 이탈리아는 34% 정도였다[31]. 일본의 유권자비율은 가장 비율이 낮은 프랑스와 비교해서 낮은 것이었다. 그 이유는 서구 유권자의 연령이 20세인 반면에 일본은 25세로, 타국에 비해 20세에서 24세까지의 청년에게 선거권을 제한한 측면에 있었다. 특히 20세에서 24세의 노동자가 전체 노동자의 20%를 차지하고 있는 것을 생각한다면, 일본의 선거법개정은 젊은 노동자의 선거권제한의 의미도 강하였다[32].

---

30) 유권자 추이

년도	1889년	1900년	1919년	1925년
유권자 수	약 45만 명	약 100만 명	약 300만 명	약 1240만 명

　(衆議院・參議院編, 『議會制度百年史』10권, 議會制度編, 1990, 531쪽 참조).
31) 坂千秋, 「普通選擧法要綱」, 『改造』普選特輯号, 88쪽.
32) 남자노동자의 연령별 구성

선거권제한의 요소는 개정된 선거법의 조항에도 포함되어 있었다. 신설된 선거권의 결격조항으로 다음의 두 조항이 주목된다.

제6조 3항 빈곤으로 인하여 생활을 위해 공사의 구조를 받거나 혹은 부조를 받는 자.
4항 일정의 주거를 갖지 않은 자[33].

이러한 조항을 만든 것은 각 조항의 해당자가 사회생활에서 낙오자로 인식되었기 때문이었다[34]. 그리고 선거권의 결격조항에는 포함되지 않았지만 실질적으로 선거권을 제한하는 조항도 개정되었다. 선거인 명부에 관한 제3장 12조가 여기에 해당되었다.

제12조 정촌장은 매년 9월 15일을 현재로 그날까지 계속해서 1년이상 그 정촌내에 거주하고 있는 자의 선거자격을 조사해서 선거인

연령	15세이하	16-19	20-24	25-29	30-34	35-39	40-44	45-49	50-54	55-60	60세이상	합계
인원	38,294	96,270	122,965	106,098	79,918	59,174	44,610	29,226	12,499	5,871	3,307	598,232
%	6.4	16.1	20.6	17.7	13.4	9.9	7.5	4.9	2.1	1.0	0.6	100.0

노동통계실지조사는 공장은 30인이상, 광산은 50인이상 고용회사를 대상으로 했다. 남자노동자의 수는 1923년 2,699,734명, 1925년 2,892,409명이었다는 것을 고려할 경우, 실제 조사 598,232명은 전체 남자노동자의 약 20%에 지나지 않는다. 20%로 전체를 파악하는 것은 곤란하지만, 전체적인 형태를 짐작하는데는 지장이 없을 것이라고 판단된다(信夫淸三郞, 『大正政治史』, 勁草書房, 1974, 1260-61쪽에서 재인용).

33) 宮司功編纂, 『選擧法規實例類輯』, 自治館發行, 1927, 66쪽.
34) 衆議院事務局, 『衆議院議員選擧法改正理由書』, 1925년 4월 6일, 21쪽.

명부를 책으로 제조하여 10월 15일까지 이를 군장(郡長)에게 송부해야 한다35).

선거인명부의 요건으로서 '주소'는 '주거'로 변경되었고, 기간도 6개월에서 1년으로 연장되었다. '주거'는 주소와 주거지의 일치를 의미했다36). 이러한 개정은 계절에 따라 이동하는 계절노동자와 주거가 불완전한 광산노동자에게 절대적으로 불리하였다37).

25세이상의 남자로서 선거권을 제한받는 인구수를 추정해 본다면, 다음과 같다. 보통선거법 성립 직후의 자료에 의하면 25세이상의 남자 수는 14,151,809명, 선거인명부에 등록된 수는 13,429,663명이었다38). 선거권의 결격자 수는 722,146명으로 산출되었다39). 그러나 실제 선거권자의 수는 1,240만 명이었기 때문에40), 선거권을 제한받는 자는 약 175만 명에 이를 것으로 추정된다. 25세이상 남자 중에 선거권을 제한 받는

---

35) 宮司功編纂, 앞의 책, 84쪽.
36) 1년이상 주거 요건은 주소와 실거주지가 일치하면서 1년이상 동일한 주소지에서 거주한 자만을 선거인명부의 등록자격을 부여하였다. 두 가지의 요건을 충족시키지 못하면 선거인명부에 등록되지 못하고 선거권을 지닐 수 없었다(衆議院事務局, 앞의 책, 39쪽).
37) 信夫淸三郞, 앞의 책, 1259쪽.
38) 衆議院事務局, 앞의 책, 9쪽.
39) 선거권에 대한 결격조항은 선거법 입법의 최종단계에서 성립되었다. 선거법은 1925년 3월 29일 제정되었다. 『衆議院議員選擧法改正理由書』는 1925년 4월 6일에 발행되었다. 선거법제정 일주일 후 간행되었기 때문에 선거인명부에 등록된 인원을 산출하는 것이 당시의 기술로는 불가능했다고 생각한다.
40) 衆議院・參議院編, 앞의 책, 531쪽.

자의 비율이 약 12%를 차지하였다. 25세이상의 남자 중 10명에 1명은 선거권을 갖지 못했다고 해도 과언이 아니었다[41]. 이상과 같이 1925년 개정된 선거법은 보통선거법이지만 선거권에서 많은 제한적인 조항을 내포하고 있었다.

1925년 선거법은 피선거권에 대해서도 문제점을 가지고 있었다. 신설된 제68조를 보면, 다음과 같다.

> 제68조 의원후보자 신청 혹은 추천신청을 하고자 하는 자는 의원후보자 1인당 2000천엔, 혹은 이에 상당하는 액면의 국채증서를 공탁할 것을 요한다[42].

---

41) 본문에서 언급하지 못했던 선거권 결격자는 다음과 같다.
    제6조
     1. 금치산자 및 준금치산자.
     2. 파산자로서 복권되지 않은 자.
     5. 6년의 징역 혹은 금고이상의 형에 처해진 자.
     6. 형법 제2편 제1장・제3장・제9장・제16장・제21장・제25장・제36장・제39장에 게재된 죄를 범하여 6년미만의 징역형에 처해져 집행을 끝냈거나 혹은 집행을 받지 않게 되어진 후 형기의 2배에 상당하는 기간을 경과하기까지인 자. 단 기간 5년, 보다 짧을 때에는 5년으로 한다.
     7. 6년미만의 금고형에 처해졌거나 혹은 전호(前号)에 게재된 벌 이외의 죄를 범해 6년미만의 징역형에 처해져 집행을 끝냈거나 혹은 집행을 받지 않게 되어진 자.
    (宮司功編纂, 앞의 책, 66-67쪽).
42) 宮司功編纂, 앞의 책, 178쪽.

피선거권에 대한 이러한 규정은 피지배세력인 노동자·농민의 피선거권을 제한하고, 그들의 정치세력화를 저지하기 위한 조치이며, 동시에 기존 정당세력의 기득권을 보장하기 위한 의도도 있었다.

선거관리와 집행면에서도 선거법의 성격이 파악되었다. 지방장관은 선거회의 선거장으로 임명되었다[43]. 이것은 지방장관에게 선거집행에 관한 최고통제자로서의 지위와 권한을 부여한 것으로, 정당세력에 대한 행정관료의 우위를 나타내는 부분이기도 하였다.

선거운동에 관하여 신설된 내용을 보면 다음과 같다.

> 제88조 3항 의원후보자는 문서로 통지하여 선거사무장을 해임할 수 있고, 선거사무장을 선임한 추천신고자의 경우도 의원후보자의 승낙을 얻을 때 역시 동일하다.
> 4항 선거사무장은 문서로 의원후보자 및 선임자에게 통지하여 사임할 수 있다.
> 5항 선거사무장의 선임자(選任者 : 스스로 선거사무장이라고 한 자를 포함 이하 이와 동일)는 바로 그 뜻을 선거구내 경찰관서에 신고해야 한다.
> 6항 선거사무장의 (인사)이동이 있을 때에는 전항의 규정에

---

43) 선거회의 선거장의 자격에 대해서는 다음과 같은 조목(條目)이 있다.
　　제58조 지방장관은 각 선거구내 군시장(郡市長) 속에서 선거장을 정한다. 단, 一縣一選擧區인 경우에는 지방장관을, 一市一選擧區인 경우에는 시장을 선거장으로 한다.
　　선거장은 선거회에 관한 사무를 담당한다.
　　(宮司功編纂, 앞의 책, 164쪽).

의해 신고를 한 자는 바로 그 신청을 한 경찰관서에 그 뜻을 신고해야 한다.

제89조 4항 선거사무장은 선거사무소를 설치하거나, 선거위원 혹은 선거사무원을 선임할 때에는 바로 그 뜻을 전조 제5항(88조 5항)의 경찰관서에 신고해야하고, 선거사무소 또는 선거위원, 선거사무원을 이동할 때에도 역시 같다44).

선거사무장은 선거운동과 비용지출의 책임자이기 때문에 선거운동에서 중요한 지위를 차지하였다. 그러므로 선거사무장은 선거운동의 진행과 결과에 중대한 영향을 미쳤다. 선거사무장의 임용과 해임을 경찰에 신고하도록 하는 것은 경찰관서의 단속상이 필요하기 때문이었다. 그 외 선거사무장, 선거위원, 선거사무원의 임용과 해임을 경찰에 신고하도록 하는 것은 선거의 전체상황을 정부가 장악하기 위한 것이고, 또한 경찰관서의 단속을 위해서도 필요하였다45).

선거운동 비용에 관해서도 규정을 신설하여 선거운동단속의 성격을 강화하였다. 제106조, 제108조의 내용을 살펴보면 다음과 같다.

---

44) 宮司功編纂, 앞의 책, 203, 206쪽.
45) 衆議院事務局, 앞의 책, 182쪽.

제106조 선거사무장은 칙령이 정하는 바에 의해 선거운동의 비용을 정산하여 선거날로부터 14일 이내에 제88조 제5항의 경찰관서를 거쳐 이를 지방장관(동경부의 경우에는 경시총감)에게 신고해야 한다.

제108조 경찰관리는 선거일 이후 언제라도 선거사무장에게 선거운동 비용에 관한 장부 혹은 서류의 제출을 명령하고, 이를 검사하거나 혹은 이에 관한 설명을 요구할 수 있다46).

선거비용의 정산 신고는 경찰관서를 거쳐 지방장관에게 알려야만 했다. 이것은 선거비용에 대한 단속을 통일적으로 하기 위해서이다. 경찰관리의 선거운동비용에 관한 장부제출 요구권은 정당에 대한 관료의 위상을 분명히 보여주는 것이었다.

---

46) 宮司功編纂, 앞의 책, 218, 224쪽.

4 소결

    1920년 5월 10일 하라의 정우회는 보통선거 문제를 정치쟁점화하여 총선거에서 대승리를 거두었다. 그 결과 보통선거운동을 리더하던 '보통선거기성동맹회'와 사회주의 운동세력은 후퇴하였다. 그 대신 야당인 헌정회와 국민당이 운동의 주도권을 장악하게 되었다. 야당을 중심으로 하는 정당은 민중의 보통선거 요구를 대변하는 위치에 서게 되었다.
    한편 특권세력도 보통선거를 인정하지 않을 수 없었다. 보통선거에 대한 수세적인 승인이었다. 그들은 군주지배의 전통적인 통치원리인 '군민동치(君民同治)'에 기초해서, 보통선거를 위정자의 주도권 하에서 국민의 권리보다는 책임과 의무로서 위치시켰다. 또한 보통선거를 체제안정과 국민총동원의 유력한 수단으로 전화시키려고 하였다.
    제2차호헌운동은 보통선거법 제정을 돌이킬 수 없는 대세로 만들었다. 호헌삼파내각에서 보통선거논의는 보통선거법의 구체적인 유권자의 범위에 관한 것이 되었다. 또 하나 주요한 논의는 보통선거법의 성립에 따른 단속의 규정에 관한 것이었다. 결국 제한없는 보통선거법이 실현되었지만, 이전보다 강화된 단속규정이 만들어졌다.

보통선거법은 국민의 정치참여로 중의원의 의원을 뽑고, 중의원의 다수당이 내각을 조직하여 국정을 책임지는 정당내각제의 기초가 되었다. 그럼에도 불구하고 호헌삼파내각에서 보통선거는 국민의 권리가 아닌 책임과 의무로 이해되었다. 이것은 특권세력의 보통선거론과 다르지 않았다. 또한 강화된 단속규정은 정당에 대한 관료의 우위를 보여주는 한계를 지니고 있었다.

제3장
정당정치 비판의 운동과 논리
- 관료의 관점에서 -

1925년 보통선거법의 성립은 본격적으로 정치교육이 주목받게 되는 계기가 되었다. 보통선거법의 성립을 전후해서 유권자의 대폭적인 확장이 예상됨에 따라 학교교육과 사회교육은 각각 이에 대응하려고 하였다. 학교교육측은 교과과정에 정치제도 및 국민의 정치에 대한 태도 등의 교육내용을 정규학교에서 어떻게 가르칠 것인가에 관심을 가졌으며, 사회교육측은 일반사회의 성인을 대상으로 하는 올바른 정치행위, 특히 공정한 선거를 어떻게 선도할 것인가에 초점을 맞추었다.

정치교육가로 알려진 다자와 요시하루(田澤義鋪)는 1920년대부터 1930년대에 걸친 정치교육의 이론가이며, 동시에 구체적인 정치교육의 실천인 선거숙정운동의 선구자로 알려졌다.

다자와의 간단한 이력을 먼저 언급하여 이해를 돕고자 한다.

다자와의 이력

1889년 사가현(佐賀縣) 출생.

1909년 동경제국대학 법과대학 정치학과 졸업.

1910년 내무성 채용, 시즈오카현(靜岡縣) 아베군(安部郡) 군장(郡長).

1915년 명치신궁 조영국 총무과장.

1919년 내무성 신사국 제1과장.

1920년 내무성 퇴직, 재단법인 협조회 상무이사.

1921년 일본청년관 설립이사.

1924년 신정사(新政社) 창립, 정치교육잡지 『신정』발간, 중의원의원선거 입후보(낙선), 동경시 조역(助役), 대일본연합청년단 설립에 참여 이사로 취임.

1926년 정치교육잡지 『대성(大成)』발간, 동경시 조역 사임, 일본청년관·대일본연합청년단 상임이사.

1927년 선거숙정동맹회 설립, 간사로 취임.

1929년 장년단기성동맹회(壯年團期成同盟會) 설립, 간사로 취임.

1932년 법제심의회임시위원(선거법개정문제), 농촌경제갱생중앙위원.

1933년 귀족원의원 칙선.

1934년 일본청년관·대일본연합청년단 이사장.

1935년 장년단중앙협회 설립, 이사에 취임, 선거숙정중앙연맹 상임이사로 취임.

1936년 일본청년관·대일본연합청년단 이사장 취임, 선거제도조사회 위원.

1937년 선거숙정중앙연맹 이사장.

1940년 재단법인 협조회(協調會) 상임이사.

1942년 선거숙정중앙연맹 해산.

1944년 사망.

다자와는 기성정당과 무관계한 전직 내무관료이기 때문에 '「목민관」의식에 기초한 독자의 입장'에 서 있다고도 평가되었다[1]. 다자와가 동시대 내무관료 중에서 독특한 존재로 평가되는 것은, 그가 현실 정당내각을 인정한 위에 정당정치와 일정한 거리를 두면서도 내무관료로서의 의식을 계속 가지고 있었기 때문이었다[2]. 즉 다자와의 독자성은 그가 정당내각 하에서 전직 내무관료로서 정당정치에 대한 독립된 입장을 견지했던 것에 있었다. 다자와 통하여 관료의 정당정치 비판의 운동과 논리를 살펴본다.

---

1) 古川隆久,「政党內閣期の內務官僚」,『地域文化研究』(廣島大學總合科學學部紀要) 21호, 1995.
2) 정당정치를 부인하는 명치기(明治期)의 번벌관료(藩閥官僚)는 행정부의 입법부에 대한 절대적인 우위를 주장하는 '관료형초연주의(官僚型超然主義)'(坂野潤治,『明治憲法体制の確立』, 東大出版會, 1971, 29-46쪽 참조)로, 다수정당의 정부에 의한 국가의사결정 메카니즘의 확립을 지향하는 내무관료(渡辺治,「日本帝國主義の支配構造―1920年代における天皇制國家秩序再編成の意義と限界―」,『民衆の生活・文化と変革主体』(『歷史學研究』, 別冊特集), 1982 참조), 즉 정당정치를 인정하는 정당정치 하의 내무관료와는 구분되어야 할 존재이다. 다자와의 관료로서의 성격은 명치기 번벌관료로서의 성격보다 정당정치 하의 내무관료로서의 성격에 중심이 놓여져 있다고 생각한다.

1 선거의 「부패」구조에 대한 인식

1) 정치교육의 계기

다자와의 정치교육에 대한 관심은 청년단의 보습교육에서부터 시작되었다. 다자와는 1910년 내무관료로서 첫출발을 시작한 시즈오카현(靜岡縣) 아베군장(安部郡長)시대부터 청년단의 보습교육에 적극적이었다. 이전까지의 보습교육은 의무교육을 끝낸 아동에 대한 보통교육의 복습과 실업교육(직업교육)이 중심이었고, 당시 보습학교에서 가르친 필수과목은 지역과 관련된 실업과목과 국어·산술·수신(修身)으로 되어 있었다.

다자와는 국어 혹은 수신시간에 포함되어 있는 공민교육을 독립된 과목으로 만들려고 했다. 그러나 보습학교의 학칙에 대한 인허가를 담당하는 현과 문부성은 수신과, 국어과 이외에 조직적·계통적인 공민(公民) 교육을 시행하는 것을 인정하지 않았다. 이러한 경위에서 다자와는 '보습교육의 이단자'로 비춰지기도 하였다. 다자와가 공민교육에 이렇게 적극적인 이유는 '공민 개조가 이루어지지 않으면 진정한 자치의 이상은 발현될 수 없다'[3)]라는 생각을 가지고 있어, 지방자치에서 공민교육의 중요성을 인식하고 있었기 때문이었다.

한편 내무성도 대정기(大正期 1912년-1926년)에 들어와 청년단체의 선거운동참여 등 정치운동에 강한 우려를 표시하였다. 그 대책으로써 내무성도 공민교육에 주목하게 되었다. 장래의 지방 공민으로서 지방자치에 관계하고 나아가 국정에도 참여하는 경험을 쌓기 위하여 청년단체의 사업 속에 반드시 있어야, 할 것으로 공민교육의 필요성을 강조하기에 이른다. 이렇게 공민교육은 지방자치와 청년단의 보습교육 속에서 그 비중을 높여가게 되었다. 내무성은 청년단체를 이용하여 보습교육을 강화하려는 문부성과 함께 보습교육의 강화에 개입한다. 내무성과 문부성은 1915년 내무성・문부성훈령(대정4년훈령)과 양차관에 의한 통첩을 통해서 청년단의 조직화에 착수한다. 이것으로 청년단체는 사업중심에서 수양중심으로 전환하게 되고, 이것이 청년단체의 교육기능 강화로 이어진다. 1918년 청년단체에 대한 대정7년훈령으로 교육기관으로서 보습학교의 역할과 보습학교에서 공민교육의 중요성이 강조된다. 또한 실업보습학교 규정의 개정으로 보습학교에서 공민교육은 직업교육과 함께 보습교육의 중심으로 자리잡게 된다. 다지와의 공민교육에 대한 주장은 실제적인 교육과정으로 자리잡게 되었다[4].

다자와는 공민교육을 청년에 그치지 않고 성인으로까지 확대하여 정치교육으로 전개하려고 했다. 그는 정치교육을 청년의 공민교육과는 다른

---

3) 「別れに際し靑年會員諸君に望む(安部郡連合靑年大會(10월 10일)에서 田澤 전 회장의 연설대요)」, 『安部郡時報』 39호, 1914년 11월.
4) 拙著, 『근대일본 청년상의 구축』, 선인, 2007 참조.

성격을 가진 것으로 인식하고 있었다.

공민교육은 공민으로서 필요한 지식과 마음가짐을 냉정히 빠짐없이 설명해 가지만, 정치교육은 그것만으로 충분하지 않다. 오늘날 부패한 정치를 어떻게든 혁신하고 싶다. (정치교육은) 그를 위한 교육이다. 정치혁신 교육이라는 의식이 들어가 추가되어 있다. 즉 넓은 의미의 공민교육 중에도, 특히 현재의 정치를 혁신하는데 기여할 수 있는 부분에 주력해야 한다. 그러한 정신태도에서 논리적으로는 어찌 되었던 공민교육에서 만족하지 않는다. 나는 이것이 공민교육의 바깥에 정치교육이라는 말이 생기고 있는 실제상의 이유라고 생각한다[5].

다자와의 정치교육은 단순히 성인의 공민교육에 그치지 않고, 정치혁신으로 이어지는 희망을 담고 있는 것이었다.

다자와가 정치교육으로 눈을 돌린 계기를 세 가지로 살펴볼 수 있다. 첫 번째는 관동대지진이었다. 그는 관동대지진 그 자체보다 그 후의 사회 혼란을 경계했다. 그는 사회 혼란을 폭력혁명의 위기와 정치에 당폐(黨弊)의 침투로 이해했다[6]. 여기에 '정치숙정의 책임자를 국민 전체'로 하는 '정치 숙정'을 주장하게 된 것이다[7]. 두 번째는 보통선거 실현이 가까이

---

5) 田澤義鋪, 『政治敎育講話』, 1926년 9월(田澤義鋪記念會, 『田澤義鋪選集』, 1967, 이하 『選集』, 13-14쪽).
6) 田澤義鋪, 「天災避け難く人禍まぬがるべし」, 『人と人』, 協調會, 1924년 10월, 14-15쪽.
7) 田澤義鋪, 「「新政」の發刊に際して」, 『新政』, 1924년 1월 창간호, (『選集』, 1033-1034쪽).

다가오고 있기 때문이었다. 대지진 후 등장한 제2차 야마모토(山本)내각은 1923년 10월 8일 각의에서 임시의회대책과 보통선거문제 등에 관한 정강을 명확히 하여, 보통선거 실시가 가까워왔음을 사람들에게 각인시켰다. 다자와는 보통선거의 단행을 정계숙정의 원동력으로 삼기 위하여 정치교육을 주장했다[8]. 세 번째는 청년단을 지도한 다자와 자신의 경험에서였다. 청년단을 거쳐 장년이 된 사람들이 정촌(町村)의 유지가 되어 지방의 정쟁에 말려들거나, 혹은 거꾸로 자신의 생업에 몰두하여 국가정치에도 지방자치에도 무관심하게 되지 않도록 '구래 당폐의 누습(陋習)에 물들지 않고 과감히 정의를 옹호하고, 어디까지나 청년기의 순수함을 유지하면서, 지방의 공사(公事)에 진력한다'[9]는 것을 기대했다. 다자와는 청년단을 거쳐 장년이 된 사람들을 대상으로 정치교육을 기획했다.

다음으로 다자와가 제창하는 정치교육이 어떻게 발전해 가는가에 대하여 서술하겠다. 구체적으로 그의 현실정치인식과 정치활동의 관계 속에서 논할 것이다.

2) 다자와의 총선거출마와 선거부패에 대한 인식

다자와는 1924년 1월 자택에 '신정사(新政社)'를 창립하고, 정치교육을 목적으로 하는 잡지 『신정(新政)』을 발행하는 것으로 정치교육을 본격적으로 시작했다. 이시기는 기요우라 내각의 성립으로 제2차호헌운동이

---

8) 田澤義鋪, 『選集』, 1034쪽.
9) 田澤義鋪, 『選集』, 1037쪽.

제3장 정당정치 비판의 운동과 논리 103

일어나 중의원이 해산된 시기이기도 하였다.

　총선거가 가까워 옴에 따라 다자와가 4년 반 동안 군장으로 청년교육에 힘쓴 시즈오카현 아베군의 장년유지들이 그의 총선거출마를 강하게 요구하게 되었다. 다자와는 정치숙정을 제1의 목표로 이상선거를 실현하고자 출마를 결심했다.

　다자와는 출마와 동시에 전국의 선거구에 선거숙정을 목적으로 하는 단체의 조직화를 호소하였다. 이러한 '선거숙정회(임시로 이러한 명칭을 붙인다 : 다자와)'는 '일체의 선거 정폐(情弊) 근절을 목적으로 하는 유권자 단체'를 지향하고 있었다. 구체적인 목표로서 첫째, 후보자의 호별(戶別)방문을 거부할 것 둘째, 매수 등의 악폐를 제거할 것 셋째, 직업적인 선거운동원에 대한 방어를 통하여 자유・비밀의 선거정신을 양성할 것 넷째, 지방의 이권문제와 정실(情實)에 의한 투표의 속박과 관헌의 선거간섭을 방지할 것 다섯째, 각 정당 후보자의 정견을 비교대조하기 위한 입회연설을 요구할 것 여섯째, 평소에도 선거인의 판단 재료를 풍부하게 하기 위하여 강연회 등을 개최하여 정치적 지견(知見)의 향상에 노력할 것 등 여섯 가지를 내걸었다[10]. 선거숙정회구상은 다자와가 처음으로 선거숙정에 대한 스스로의 생각을 구체적으로 서술한 것이었다.

　총선거 출마는 다자와에게 현실 정치상황에서 정치교육과 선거숙정을 생각할 수 있는 기회를 제공했다. 다자와가 출마할 무렵 시즈오카현의 정치정세는 정우회 분열의 영향이 현에도 미쳐 정우회 시즈오카현 지부가

---

10) 田澤義鋪,「選擧肅正の機關をつくれ」,『新政』, 1924년 4월, (『選集』, 938-939쪽).

해산한 상황이었다. 정우본당과 정우회의 지부가 분열된 상황이었다. 다자와가 출마한 제3구(시미즈시(清水市)·아베군)는 1923년 현의회선거에서 정원 3명 전부를 정우회가 차지했던 정우회계의 지반이었다. 그러나 이 지역의 정우회세력은 정우회 분열 이후, 전부 정우본당에 속했다. 더욱이 지방이권 문제도 연결되어 정우본당계의 지반은 한층 강화되고 있었다[11]. 다수당인 정우본당을 배경으로 출마하는 현직 의원 미야자키 도모다로(宮崎友太郎)와 호헌운동의 인기를 배경으로 출마하는 헌정회의 전 의원 가토 사다키치(加藤定吉)을 상대로, 다자와는 무소속으로 출마하게 되었다.

제15회 중의원선거는 결국 호헌운동을 배경으로 하는 호헌삼파의 승리로 끝났다. 시즈오카현에서도 헌정회 6명, 정우본당 3명, 정우회 2명, 중립 1명으로 호헌삼파가 승리하였다. 그러나 다자와의 제3구는 정우본당이 승리를 거두었다. 결국 다자와는 250표차로 패했다. 다자와는 선거의 패인을 '다수 만능의 사대사상'에 있다고 총괄하였다.

'정우본당의 운동자가 선거인에게 호소한 것은 정우본당의 선거 깃발뿐으로, 정계종단론도 아니고, 정계혁신론도 아니고, 실로 다수당이어서 실행력이 있는 단체에 속해 있기 때문에 투표하라는 한 가지였다. 주장이 옳기 때문에 이것을 도우라는 것도 아니고, 다수이기 때문에 이것에 따르라는 것이다. 이 사상이야말로 정계를 추락시키고 오늘날의 현상을 초래한 근본의 병폐로, 10년 가까이 정우회의 다수전횡이 키워 온 악사상에 다름 아니다. 이 사상이 존재하는 곳에서는 이상이 무시되고, 도의(道義)가

---

11) 『靜岡縣史 通史編五・近現代一』, 1996, 740-742쪽.

경시되어, 정의는 나가버렸다.'12)

표1 시즈오카현 제3선거구 제14회, 제15회 중의원의원선거의 득표수

	후보자	득표수	당파		후보자	득표수	당파
제14회	宮崎友太郎	3,888	정우회	제15회	宮崎友太郎	2,515	정우본당
	石谷熊吉	304	무소속		田澤義鋪	2,265	무소속
	그 외	47			加藤定吉	1,534	헌정회
					그 외	3	

(衆議院事務局,『第十四回衆議院議員總選舉一覽』,
1924년,『第十五回衆議院議員總選舉一覽』, 1926년으로 작성)

'사대사상'은 실행력이 있는 다수당에 투표하는 선거인의 의식문제이며, 다자와는 그 배후에 다수당전횡이 있다고 지적하였다. 사대사상은 다자와에게 선거의 패인임과 동시에 정치부패의 원인으로 보였다. 그러나 분석은 사대사상의 원인이 다수당전횡에 있다는 지적에 그치고 있다.

다수당의 전횡구조에 대한 다자와의 이해는 도쿄시(東京市) 전기국장 선임문제13)를 계기로 지방자치행정의 부진을 분석하는 속에서 구체화되었다. 먼저 당폐의 침투를 가장 많이 받은 자치제는 부현(府縣)이라고

---

12) 田澤義鋪,「政戰を終りて」,『新政』, 1924년 6월, (『選集』, 239쪽).
13) 1924년 동경시회(東京市會)는 전기국장 선임문제로 永田秀次郎시장 추천후보자를 무시하고 반대후보자를 당선시켰다. 시장은 시회의 신임을 얻지 못했다고 사직하였다. 그리고 시장이 추천권을 가진 삼조역(三助役)과 일부 간부도 함께 사직했다. 결과적으로 집행기관을 상실했기 때문에 내무대신의 명령으로 堀切善次郎 도시계획국장을 직무임시대행으로 하였다. 전기국장 선임문제는 정우회와 헌정회 양당의 간부인 鳩山一郎와 三木武吉가 지도하여 일으킨 것이다.

말하고, 부현의 당폐침투 현상에 대하여 다자와는 다음과 같이 서술하였다.

> 부현회의원은 의원(중의원의원 : 인용자주)의 양성소이고, 의원선거의 지반 관리자라는 현상에서부터 부현회의원의 선거는 정당정치의 대립이다. 따라서 부현회는 정당 대 정당의 승부의 무대가 되어, 향당친목의 기초 위에 덕망의 사(士)가 명예직으로 공공의 일에 참여하는 자치의 본의는 거의 찾을 수가 없게 되었다.[14]

부현은 의결기관인 현회(縣會)와 부현참사회(府縣參事會), 집행기관인 부현지사(府縣知事)로 구성되었다. 부현의 집행기관인 지사는 상급의 행정기관인 내무성으로부터 임명되기 때문에 부현의 정치는 중앙정치와 관계가 중요하게 되었다. 정당내각에 의한 지사의 당색화(党色化)와 정당에 의한 당세확장이 결합하여 지방정치는 중앙의존・중앙집권화가 진행되었다. 이러한 배경에서 다자와가 말한 대로 부현회의원은 정당별로 계열화되었으며, 정당의 지반이 되었다. 지방선거는 정당간 대립의 장이고, 부현회는 정당정치의 대립무대가 되는 상황이었다.

그러나 시정촌에 대해서는 부현과 다른 인식을 가지고 있었다.

> 시정촌의 자치생활은 부현의 자치생활에 비해서 범위가 매우 광범위하고 내용 또한 매우 복잡해서 자치체의 혼란도 부현과 같이 늘 정당정파의 투쟁을 원인으로 볼 수 없는 경우도 적지 않다. 부현에서

---

14) 田澤義鋪, 「自治政刷新の急務」, 『新政』, 1924년 10월, 3쪽.

정쟁의 단위가 되는 세력은 대부분 기성 정당정파이지만, 시정촌의 경우에는 다양한 인적·물적 세력이 착종(錯綜)해서 각종 파란의 원인을 만들고 있다[15].

시정촌은 기초 지방자치체로서 시정촌회는 의결기관이고, 시정촌장은 집행기관이었다. 시정촌장은 시정촌회에서 선출되기 때문에 시정촌회는 최고의사결정기관이었다. 모든 부현정치의 싸움은 부현회가 정당에 따라 계열화되어 일어나는 정당 싸움이지만, 부현에 비해서 상급행정기관으로부터 영향이 적다고 할 수 있는 시정촌정치의 다툼은 시정촌회의 '인적·물적 세력이 착종'되어 일어난다고 다자와는 인식하고 있었다.

다자와는 '인적·물적 세력이 착종'되는 시정촌의 정치를 '보스정치', 이른바 '직업정치꾼의 정치'로 정의했다. 그 특징을 다음과 같이 말하였다.

> 권세이든 이욕(利慾)이든 혹은 승부를 즐기는 유희적인 본능의 만족이든, 이와 같은 것은 그들이 공사(公事)에 관계하는 동기이자 목적이다. 표면에서 당당히 논의해서 결정해야 할 각종의 문제도, 그들에게는 늘 뒷면에 수반하는 이권획득 내지 반대자와 승부를 다툴 기회에 지나지 않는다. 따라서 그들의 수단은 늘 음미(陰微)하는 사이에 술책을 펼치는 것으로, 접객실의 4조반(四畳半)속에서 이권 거래로 반대파와 타협하는 것과 같은 것은 하등 이상하지 않는 것이다. 오히려 음모를 꾸미고 거래를 하는 것에서 그들은 무한의 쾌감을 맛보는 듯하다. 이와 같은 수단을 가지고 목적을 달성하려고 하는 것이 보스정치의 특징이다.

---

15) 田澤義鋪, 앞의 책, 3쪽.

시정촌회의 정치는 보스정치로, 보스의 개인적인 욕망을 만족시킬 뿐, 시정촌민은 보스정치의 이용물이 되고, 집행기관의 당국자는 자기 지위를 유지하기 위하여 괴뢰가 되지 않을 수 없는 상황이라고 인식하고 있었다.

다자와는 보스정치를 주도하는 지방유력자의 정치개선을 기대했다. 그것이 불가능한 상황에서 '정치숙정의 책임자로서 청·장년(靑壯)의 국민'16)이 이성적으로 판단하고 양심에 어긋나지 않기를 기대하였다. 다자와는 시정촌 정치개선의 중추로서 지방유력자가 아닌, '청·장년(靑壯)의 국민'을 위치시켰다. 그러나 구체적인 정치숙정의 대책을 세우는 데는 도달하지 못했다.

다자와는 총선거출마를 통하여 정치의 부패구조, 즉 다수당의 전횡구조의 원인을 지방자치체에서의 다툼에 있다고 생각했다. 부현과 시정촌의 성격차를 인식하여, 시정촌의 다툼을 지방유력자의 욕망 싸움으로 파악함으로써 시정촌의 정당대립을 부정하여 배제의 대상으로 하였다. 다자와의 정계혁신운동의 목적은 다수당전횡의 정당정치 '부패'구조를 제거하고, 그 원인이 되는 지방자치체의 정당대립을 배제하는 것이었다.

---

16) 田澤義鋪, 「政界革新と選擧の肅正」, 『新政』, 1924년 3월, 6쪽.

2 지방자치에서의 당쟁배제와 선거숙정

1) 신일본동맹과 선거숙정동맹회

총선거 패배 후 다자와는 보통선거를 대비하여 정치교육에 의해 선거의 폐해를 개선하기 위하여 움직이고 있었다. 다자와보다 앞서 보통선거법의 성립을 앞두고 고토 신페이(後藤新平)는 정치윤리화운동으로 정치교육의 필요성을 주장하고, 계몽운동차원에서 사회운동을 전개하였다.[17] 본격적인 정치교육단체의 준비는 다자와가 중심이 되어 이루어졌다. 1923년 10월 정치교육단체 '신정사(新政社)'를 창설하려는 다자와와 내무성 경보국장을 사직한 고토 후미오(後藤文夫)는 여론의 정당정치에 대한 비판이 고조되는 상황에서 새로운 정치세력을 만들기 위해 '신일본동맹'이라는 단체를 기획했다.[18]

신일본동맹의 창립에는 '고토(이하 고토는 고토 후미오(後藤文夫)를 가리킴), 다자와, 다키 마사오(瀧正雄) 등과 신문기자 일부'가 움직이고 있었다.[19]

---

17) 杣正夫, 「選擧肅正運動の思想と役割(2)」, 『都市問題』50-9, 1959.
18) 內政史硏究會, 『後藤文夫氏談話第一回速記錄』, 1963년 7월, 23쪽.
19) 上田貞次郎日記刊行會, 「大正十四年一月より三月まで」, 『上田貞次郎日記』,

신일본동맹은 그해 약 300명의 동지를 규합하여 발회식을 개최할 예정이었지만, 관동대지진으로 사업은 일시 정지상태가 되었다. 1924년 중반 재개하여 소책자 『신일본의 건설』을 간행하고 전회원에게 배포하여 당초 계획을 추진하였다.[20]

1925년 2월부터 구체적인 단체조직 작업이 시작되었다. 우선 2월 22일 신일본동맹준비간담회 형식으로 재경회원(在東京會員) 간담회를 열어, 고토를 발기인대표로 하였다. 고토, 다자와 주도로 회의를 개최하여 빠른 시기에 발회식을 열기로 합의하였다. 발회준비간담회 후 발기인 중에서 14명의 주체를 정하였다.[21] 인적 구성을 살펴보면 1925년 현재 귀족원의원 3명, 중의원의원 3명, 언론인 2명, 전·현직 관료 3명, 대학교수 1명, 불명 2명으로[22], 사회적으로 영향력있는 멤버로 발기인을 구성하였다. 3월 29일 동경의 일본구락부에서 발회식을 거행하였고, 고토는 좌장을, 다자와는 발기인 대표를 맡아 의사를 진행하였다. 신일본동맹의 임원진은 14명의 주체를 그대로 간사로 선임하고, 실무를 담당하는 주체로 4명의 상무이사를 두었다. 상무이사는 고토, 다자와, 그리고 마루야먀 쓰루키치(丸山鶴吉) 등 전직내무관료 3인과 언론인 출신의 세키구치 이치로(關口一

慶應通信株式會社, 1963, 100쪽.
20) 新日本同盟의 팸플릿(大內兵衛, 『英國의 勞働党에 대해』 권말의 「新日本同盟會報」, 1925년 7월).
21) 「新日本同盟會報」, 위의 책. 伊藤文吉, 緖方竹虎, 太用正孝, 河上哲太, 田中武雄, 田澤義鋪, 瀧正雄, 根岸佶, 丸山鶴吉, 小村欣一侯, 近衛文麿, 後藤文夫, 櫻井轍三, 關口一郎.
22) 伊藤隆, 『昭和初期政治史硏究』, 東大出版會, 1969, 51쪽 표2 분석.

郞)가 맡았다. 신일본동맹의 규약에 따르면[23] 신일본동맹은 상무간사중심의 운영이 이루어졌고, 실제 이들이 단체를 이끌었다는 것은 명확하였다. 상무간사는 위에서 언급한 대로 관료출신자들이 중심을 이루고 있었다.

신일본동맹은 매월 1회의 정규모임을 갖는데, 회원 또는 회원 이외의 전문가·실무가의 강연을 듣거나, 상호 의견을 교환하며, 강연(講演) 속기록(速記錄)을 책자로 인쇄하여 전회원에게 배포하는 방식으로 활동을 전개하였다.[24]

신일본동맹의 성격은 동맹에서 발행한 팸플릿 『신일본의 건설』에서 찾아볼 수 있었다. 팸플릿에 밝힌 정치의 중심과제는 제1차 세계대전과 러시아혁명에 의해 초래된 위기에 대응하는 것이었다. 대응의 중심은 '사회문제'로, 기성정당이 정권획득을 위한 세력 다툼에 열중해 사회문제에 대응할 수 없기 때문에 '정계숙청'이 필요하다는 것이었다. 정당 개선의 제1보는 정당의 내면적인 개선, 즉 선거에서 뽑히는 의원의 우수한 능력에 기대하는 수밖에 없었다. 따라서 무엇보다 정당의 실정(實情)을 판정할

---

[23] 新日本同盟規約에서 발췌
    第九條   최초의 간사는 발기인회에서 선임한다. 간사는 常務幹事 若干名을 호선한다.
    第十條   간사 및 평의원을 새로 선임하거나 혹은 해임하려고 할 경우에는 간사회에서 간사 3분의 1이상의 동의를 얻어서 결정한다.
    第十一條 간사회는 會務를 심의 결정한다. 단 사항을 정하여 상무간사의 결정에 위임할 수 있다.
    第十二條 상무간사는 간사회의 결정에 기초한 會務를 집행한다.(「新日本同盟會報」, 앞의 책).
[24] 「新日本同盟會報」, 앞의 책.

국민의 능력을 어떻게 양성해야 할 것인가 하는 것이 문제가 되었다. 신일본동맹은 이 문제의 해결을 위해서 '입헌정치의 기초가 될 국민의 정치적 비판력을 양성하는 기관'이 필요하다고 주장하였다.[25] 신일본동맹이 그 기관으로서의 역할이 기대되었다. 신일본동맹의 창립을 논의하였던 1923년 12월은 야마모토 곤페이(山本權兵衛) 내각 하에 보통선거법의 실현을 위한 준비가 이루어지고 있던 시기이기도 하였다. 고토의 말에 따르면 다자와는 다가올 보통선거를 준비하여 전통적인 선거의 폐해를 개선하고, 청년들의 정치교육이 중요하기 때문에 신일본동맹도 그러한 것을 염두에 두고 만든다고 하였다.[26] 다자와는 신일본동맹을 보통선거를 준비하는 정치교육기관으로서 위치시키려고 하였다.

한편 신일본동맹의 노선은 의회정치가 권력분쟁으로부터 벗어날 수 없기 때문에 '사회문제'에 대한 실제적인 정책의 수립을 기대할 수 없다는 상황인식에서, 정계숙청의 두 가지 길을 제시하고 있었다. '첫째는 의회정치의 성과에 크게 기대를 걸지 않고, 단지 혁명에 대한 안전벽으로서의 기능에 만족하여 이(의회 : 인용자주)를 단순한 결의기관・정부의 신임, 불신임을 결정하는 의사표시 기관으로 하고, 다른 유력한 식견의 기관을 창설'하는 것이고, '둘째는 기성정당을 개선하여, 의회의 소질을 향상시켜 소위 헌정 유종의 미를 달성'하도록 하는 것이었다. 나아가 신일본동맹의 창설은 '양자의 뜻을 합쳐 가려는 것'에 있다고 하였다.[27] 신일본동맹은

---

25) 『新日本の建設』, 新日本同盟간행 팸플릿, 1924년 12월, 30-49쪽(伊藤隆, 『昭和初期政治史研究』, 東大出版會, 1969, 54쪽에서 재인용).
26) 內政史研究會, 앞의 책, 36-37쪽.

의회정치의 기능을 최소한으로 인정하면서 의회를 대신하는 기관의 창설을 염두에 두면서, 한편으로는 의회정치의 개선에 노력을 기울이려는 모순되는 두 방향의 사업전개 계획을 가지고 있었다. 그러나 신일본동맹의 구체적인 활동이 보이지 않아 실질적인 성격을 파악할 수는 없다.

그 다음해의 '신일본동맹취지서'를 통하여 그들이 가진 구상을 조금은 구체적으로 알 수 있다. 취지서에 따르면 국내외 상황이 일대전환기를 맞이하여 국민은 혼란스러운 상황에 직면해 있기 때문에, 이를 해결할 유일한 길은 '국가생활의 충실'이고, '국가생활의 충실'은 '이완된 풍기를 혁정하고 동요하는 인심을 안정시켜, 나아가 우리의 국제적 지위를 행복'하게 하는 것이었다. 그를 위한 방법으로 인격을 본위로 하는 동지의 결속을 당면 급무로 하고, '공정한 비판'을 통한 '공정한 동지의 결합'을 도모하였다. 이러한 의도로 정당정파를 초월하여 기성정당에게도 문호를 개방하여 폭넓은 세력의 결집을 지향하였다. 또한 지방인사의 궐기를 호소함과 함께 '지방청년 사이에 두루 동우(同憂)의 사(士)'를 구하고 있었다.[28] 신일본동맹은 정치교육기관의 성격을 넘어, 폭넓은 세력 규합을 통한 새로운 정치세력을 지향한 것을 명확히 했다. 그러나 신일본동맹은 적극적인 정치활동을 보이지 않았고, 일상적인 회합을 통해서 정치적인 교류와 팸플릿의 발행 등을 수단으로 하여 정치세력화의 예비단계로서 움직임을 보이고 있었다.[29]

---

27) 『新日本の建設』, 46-49쪽, (伊藤隆, 앞의 책, 54쪽에서 재인용).
28) 「新日本同盟會報」 속에 있는 「新日本同盟趣旨書」.
29) 丸山鶴吉, 『七十年ところどころ』, 七十年ところどころ刊行會, 1955, 125쪽.

제2차호헌운동에 의해 기요우라 케이고(清浦奎吾) 내각이 무너지고 호헌삼파에 의한 정당내각이 성립하면서 정당이 정치의 중심에 위치하게 되었다. 1925년 보통선거법이 성립된 이후 여러 가지 정치 불만은 기성정당에 집중되었다. 이것은 정당내각의 교체로 이어졌다. 한편 만성적인 농촌불황과 1927년 금융공황으로 시작되는 경제혼란은 국민의 정치에 대한 불신을 높였다. 결국 정권은 호헌삼파 이래 여당이었던 헌정회에서 야당인 정우회로 넘어가고, 1927년 4월 다나카 기이치(田中義一) 내각이 성립하였다. 중의원의원의 임기가 끝나고 있는 상황이기도 하였지만, 여당이 된 정우회가 중의원의 다수당을 차지하지 못하였기 때문에 중의원을 해산하고 총선거를 실시하는 것은 시간문제였다. 정당부패사건이 연이어 폭로되면서 국민의 정당정치에 대한 불신은 더욱 높아졌다. 눈에 띄는 뚜렷한 활동을 보이지 않았던 신일본동맹의 내부에서도 정치혁신을 위한 현실정치참여의 요구가 높아지고 있었다. 신일본동맹은 다나카 내각 성립 이후 적극적인 움직임을 보이기 시작했다.

다자와는 이러한 정세 속에서 1927년 4월 자신이 주관하는 잡지 『신정(新政)』에 '정치교육의 두 가지 결론=선거숙정운동과 삼당거부동맹'을 발표하였다. 다자와는 정치교육의 중심목표로서 정당과 선거의 문제를 들고 있다. 정당문제에서는 기성정당 3파, 즉 헌정회·정우회·정우본당에 대해서는 투표하지 않는 동맹 '삼당거부동맹'을 제기했다. 3당에 투표하지 않는 대신에 기성정당에 속하지 않는 신인에게 투표하여 필연적으로 도래할 정계재편성에 준비하자는 주장이었다. 선거문제에서는 선거숙정운동을 제기했다. 선거의 당면문제는 정실인연(情實因緣)의 발호와 돈이 지나

치게 많이 든다는 것으로, 폐해의 공통 원인은 상습적인 운동원이 존재한다는 것이었다. 그러나 그 대책을 명확히 제시할 수 없기 때문에 선거숙정의 방법연구가 정계혁신의 제1의 급무라고 언급하였다.[30]

다자와는 이 글을 발표한 직후에 삼당거부동맹을 제창하면서 제15회 총선거에 출마했던 시즈오카현(靜岡縣)에서의 정담연설회를 통하여 재출마를 고려한 기반조성에 들어갔다. 그에게 삼당거부동맹과 선거숙정운동은 분리된 것이 아닌 일체적인 것으로 이해되었다. 또한 이것은 현실 정치에 참여, 즉 중의원에 입후보 하는 것도 모순되지 않는 것으로 받아들여졌다. 삼당거부동맹은 궁극적으로 현실정치에 영향력을 행사하기 위한 중립입후보운동으로 이어졌다. 최초의 보통선거를 맞이하여 기존 삼당에 속하지 않는 후보자를 적극 발굴하여 새로운 정치세력을 형성하려는 것이었다.

선거혁정 방법에 대한 연구는 1927년 8월 『신정』에 '선거숙정동맹회의 발기'로 그 결과를 내놓았다. 그 논설에서 다자와는 정폐(政弊)의 근본문제는 선거에 돈이 든다는 것에 있다고 지적하고 '선거숙정동맹회'를 제창했다. 구체적으로 '(1) 선거에서 타인의 청탁의뢰에 의하지 않고, 자기의 양심의 소리를 듣고 이성의 판단에 따라 자기가 찬성하는 정치의 의견소유자에게 투표할 것 (2) 자기가 투표하는 후보자에 대해서는 중의원의원선거법의 선거비용 법정제한 산정의 기초가 되는 40전(혹은 그 이상)을 부담할 것'을 주장했다. 이것은 국민을 위한 선거라는 근본적 정신을 분명히 한다는 점과 동시에 선거비용을 선거인이 부담한다는 근본관념을 확립하

---

30) 田澤義鋪,「政治敎育の二つの結論＝選擧肅正運動と三黨拒否同盟」,『新政』, 1927년 4월, 2-3쪽.

려는 의도가 있었다.31)

그후 8월 2일 다자와는 후쿠오카현(福岡縣) 사사구리정(篠栗町)의 신정사가 주최하는 정치교육강습회에서 '정치교육의 추상론에서 선거숙정동맹회의 구체적인 운동'으로 진출하자고 주장하여, 60여 명이 회원 등록 수속을 밟았다32). 그리고 다자와의 자택에서 '선거숙정동맹회(選擧肅正同盟會)'를 창립하였다. 이사는 다자와, 고토, 세키구치, 우에다 쇼지로(上田貞二郎), 마루야마, 마에다 다문(前田多門), 하시모토 세이노스케(橋本淸之助), 마쓰다 사쿠타로(增田作太郎), 후타라 요시노리(二荒芳德)였다.33) 이 멤버는 신일본동맹의 회원에 의해 구성되었다. 선거숙정동맹회는 신일본동맹의 활동기관의 하나로 추정되었다.

한편 중립입후보운동도 동시에 진행되었다. 그러나 중립입후보운동에

---

31) 田澤義鋪, 「選擧肅正同盟會의 發企」, 『新政』, 1927년 8월, 1쪽.
32) 下村湖人, 『田澤義鋪』, 田澤義鋪記念會, 1954년 11월, 204-205쪽.
33) 『衆議院議員選擧革正審議會資料 其一』(國立公文書館)의 選擧肅正同盟會 「建議書」에서 「選擧肅正同盟會의 會則에서」
  第二條 본회는 우리나라 정치의 근본적인 개혁을 기하기 위하여 동지를 제휴하여 선거 숙정을 도모할 것을 목적으로 한다.
  第三條 본회의 회원은 前條의 목적을 달성하기 위하여 중의원 의원선거에 관한 아래의 두 개항을 실행할 것을 맹약한다.
   (一) 선거할 때에는 타인의 청탁의뢰에 따르지 않고 자기의 소신에 기초해서 투표할 것.
   (二) 자기가 투표한 후보자에 대해서는 선거비용으로 40전(또는 그 이상)을 부담할 것.
  第八條 본회는 前各條 이외에 다음의 사업을 행한다.
   1.강연회의 개최 2.인쇄물의 발행 3.그 외 필요한 사항
   (田澤義鋪, 『政治敎育小論』, 1932년 3월, (『選集』, 144쪽)).

서 다자와와 함께 주도적인 역할을 수행하던 마루야마가 제네바군축회담의 수행원으로 참여하게 되어 운동에서 이탈하였다.34) 또한 다자와와 뜻을 같이 하던 중립입후보운동의 중심인물들도 중립으로서는 당선가능성이 낮기 때문에 정우회에 입당하여 입후보하려고 하였다35). 이러한 정세하에서 중립입후보 정치혁신운동은 선거 실시 전에 붕괴되었다.

다자와는 정치혁신을 위해서 건전한 중립 당파가 필요하다는 데는 신념의 변화가 없지만 자신은 실제 정치가에 맞지 않기 때문에 정치교육가로서 활약하고 싶다고 말하고 입후보하지 않을 것을 표명하였다36). 이것은 중립후보의 당선이 쉽지 않고, 중립입후보자의 확보가 곤란한 상황임을 의미하는 것으로 중립입후보운동을 더 이상 할 수 없다는 상황임을 반영하였다.

그후 1927년 12월 하순 제네바군축회담에서 돌아온 마루야마도 입후보를 단념하게 되었다. 다자와와 마루야마의 제1회 보통선거 출마의 단념은 현실 정당정치의 두터운 벽 앞에 직접 총선거에 출마하여 정치변화에 참여하는 것의 곤란함을 새롭게 각인시킨 것이었다. 그러나 다자와가 중립입후보자의 당선으로 기존정당을 배제하고 정치를 개혁하려는 의도를 완전히 포기한 것은 아니었다.

1928년 1월 의회가 해산되고 2월에 총선거가 행해졌다. 마루야마는 중립으로 입후보한 쓰루미 슌스케(鶴見祐輔)를 응원하기 위하여 유세에

---

34) 丸山鶴吉, 앞의 책, 127쪽.
35) 丸山鶴吉, 위의 책, 129쪽.
36) 丸山鶴吉, 위의 책 128쪽 ; 下村湖人, 앞의 책, 203쪽.

참여하면서37), 동시에 다자와와 마루야마는 선거숙정 연설을 하는 등 총선거에 참여하였다38). 이들은 중립입후보자에 대한 응원과 동시에 선거숙정운동을 전개하였다. 신일본동맹을 이끌고 있는 주요 구성원들에게 두 가지 운동은 분리된 것이 아니었다. 그러나 다자와의 선거숙정운동은 선거숙정동맹회에 의한 조직적인 운동이 아닌, 개인의 도덕에 호소하는 활동에 그치고 있다.

총선거 결과 정우회, 민정당 등 2대 정당세력이 전체의석 88.1%에서 92.9%로 의석을 늘려 9할 이상을 차지하게 되었다. 이에 반해 무소속의 중립의원은 해산 전에 신정구락부, 실업동지회, 무소속을 합쳐 전체 의석의 10.8%를 차지하고 있었는데 총선거 후 실업동지회, 혁신당, 무소속을 합쳐서 5.4%로 5할 가까이 격감했다. 그러나 신흥 무산정당이 새로운 의회에 대두한 것은 주목할만한 상황이었다.(표2)

---

37) 丸山鶴吉, 앞의 책, 133쪽.
38) 上田貞次郎日記刊行會, 앞의 책, 2월 12일(一九二八年二月中の事), 124쪽.

표2 제16회 중의원의원선거의 결과

	해산전(비율)	당선(비율)	증감	입후보자	당선율
立憲政友會	190(40.9%)	217(46.6%)	27석 증	342	63.5%
立憲民政党	219(47.2%)	216(46.3%)	3석 감	342	63.2%
新正俱樂部	26(5.6%)				
實業同志會	8(1.7%)	4(0.9%)	4석 감	31	12.9%
革新党		3(0.3%)	3석 증	15	20.0%
無所屬	16(3.5%)	18(3.9%)	2석 증	145	12.4%
諸派				15	0.0%
無産諸党		8(1.7%)	8석 증	75	75%
欠員	5(1.1%)				
總員	464(100%)	466(100%)		965	

(衆議院參議院偏, 『議會制度百年史(院內會派編衆議院の部)』, 1990 참조로 작성)

다자와 마루야마는 정우회, 민정당 등 2대 정당이 어느 쪽도 과반수를 장악할 수 없는 상황에서 '중립정당으로 캐스팅보드를 장악하여, 어찌되었던 정계혁신의 열매를 얻고 싶다'고 생각하여, 중립정당 실현을 위해 움직이기 시작했다. 당선축하의 의미에서 쓰루미 슌스케(鶴見祐輔)를 청년관으로 불러 이 구상을 제시하고 쓰루미의 궐기를 재촉하였다[39]. 다자와는 쓰루미에게 촉구하여 중립 7명으로 이루어진 명정회(明政會)를 창립하게 하였다[40].

총선거후에 열린 제55의회에서 중심적인 정치 쟁점은 정부의 선거간섭

---

39) 丸山鶴吉, 앞의 책, 133쪽.
40) 『東京朝日新聞』, 1928년 4월 17일·19일·21일.

에 대한 책임추급(追及)의 범위에 관한 문제였다. 민정당을 중심으로 하는 야당연합은 내각 전체를 불신임하는 '총괄적 불신임안'을 바랬으나, 명정회는 스즈키 기사부로(鈴木喜三郎) 내무대신의 탄핵에 그치고 있었다. 결국 민정당은 내무대신 탄핵안과 총괄적 불신임안을 분리시키지 않을 수 없었다. 이 문제로 다자와와 마루야마는 총괄적 불신임안의 입장에서 명정회를 적극적으로 설득하였다[41]. 결국 총괄적 불신임안은 명정회의 자유투표에 의해 부결되었다. 명정회는 총괄적 불신임에 의한 중의원해산과 재선거를 염려하여 내무대신의 탄핵에 그치고 있었다.

이후 도코나미 다케지로가 민정당을 탈당하여 신정구락부를 결성했기 때문에 민정당과 정우회의 균형은 깨지고, 명정회의 캐스팅보드로서의 역할도 없어졌다. 이를 계기로 다자와는 직접적인 정치와의 관계를 끊고 정치교육에 집중하게 되었다. 또한 신일본동맹도 적접 정치에 관여하지 않게 되었다. 신일본동맹을 중심으로 하는 중립정당운동은 실패로 끝났다.

다수당이 전횡하는 정치구조에 대하여 직접적인 정계혁신운동으로 다자와가 스스로 정당정치 속에 들어가 시도하였던 중립입후보운동・중립정당운동, 그리고 선거숙정운동은 본래 일체로 봐야할 것이었다. 그러나 중립입후보운동과 중립정당운동의 실패로 선거숙정운동은 정계혁신운동과는 연결을 가지지 못하게 되었다. 이 때문에 다자와는 직접적인 정당정치활동이 아닌 정치교육과 선거숙정운동을 통한 정계혁신을 시도하였다.

---

41) 丸山鶴吉, 앞의 책, 134쪽.

결국 다수당전횡의 정치구조에 대한 직접적인 정계혁신운동이 아닌, 다수당전횡의 원인인 지방자치체의 정당과 당쟁에 주목하게 되었다.

2) 정치교육론에서 본 지방자치

　다자와의 정치교육에 관한 정리된 최초의 저작은 1926년 9월에 출판된 『정치교육강화(政治敎育講話)』였다. 또한 1928년 1월부터 1929년 3월까지 「통속정치교육문답(通俗政治敎育問答)」이 잡지 『대성(大成)』에 연재되었다. 이러한 것들은 현실정치에 대한 다자와의 강한 관심을 반영하고 있었다.

　다자와 정치교육의 주요한 부분은 정당론과 선거론이었다. 다자와의 정당론은 정권쟁탈 본위의 정당에서 정책 본위의 정당의 출현을 기대하는 것이었다. 다자와는 영국을 기준으로 사회문제에 대한 태도・대외관계・각 당을 지지하는 사회적 세력의 차이에 따른 정당 대립을 상정하였다.(표 3) 그리고 일본의 장래 정당 형식은 보수당, 자유당, 노동당의 삼당정립이 될 것으로 예상하였다[42].

---

42) 田澤義鋪, 『政治敎育講話』, (『選集』, 33쪽).

표3 영국류의 삼당대립상황

	사회문제에 대한 태도	대외문제	각당을 지지하는 사회세력
보수당	자본주의 경제조직의 유지, 사회정책을 가지고 완화.	자본주의의 연장으로서 대외이익 신장	자본가, 지주, 군인, 관리 등
자유당	민주적 자유주의 사회개량주의.	국제협력주의	중산계급, 자유직업자, 지적노동자 등의 일부
노동당	온정사회주의	국제협조 또는 계급적세계주의	조직노동자, 지식계급의 일부

(『政治敎育講話』, 33쪽을 참조로 작성」)

한편 다자와의 선거론은 선거숙정의 성격을 구체화시켰다. 다자와는 선거에는 '적임자의 추천'과 '의견의 대표'라는 두 가지 의의가 있다고 말하고, 이 두 가지 의의는 선거의 종류에 따라 중시해야 할 점이 다르다고 이해하였다.

먼저 '의견의 대표'는 국민이 자신의 의견에 합치하는 사람을 자신의 대표자로 의회에 보내는 것으로, 중의원의원선거를 의미하였다. 선거 당시 국민의 의견은 입후보자의 정견・정책에 나타나고, 국민은 자신의 의견에 합치하는 후보자에게 투표하였다. 선거에서는 입후보자의 정견・정책도 중요한 문제이지만, 실제는 입후보자가 속한 정당의 정강・정책이 중심문제였다. 사회문제로의 대응을 중심으로 하는 정책본위의 정당이 있으면 정책을 첫 번째 기준으로 하여 선거하고, 정책본위의 정당이 없는 경우에는 인격・식견・재능과 개인의 정견을 보고 선거해야한다[43]는 것이었다. 결국 정책본위의 선거는 정책중심의 정당을 전제로 구상되었

---

43) 田澤義鋪, 앞의 책, 40쪽.

다. 그러나 정책중심의 정당이 존재하지 않을 경우에는 정책본위의 선거가 아닌, 개인적인 능력과 개인의 정견으로 적임자를 뽑아야 했다. 이러한 중의원의원선거는 의견의 대표를 뽑는 것이지만, 적임자를 선거하는 것으로 변모될 가능성도 배태하고 있었다.

또 하나의 의의인 '적임자의 추천'은 '선거인의 의견을 대표하기보다는 그 사람의 인격과 재능을 선거인이 인정해서, 이를 직(職)의 적임자라고 추천'하는 시정촌장의 선거, 조역(助役)·수입역 선거 등 집행기관에 해당하는 사람의 선거에 해당되었다. 더욱이 '시정촌회의원, 부현회의원의 공동단체 의원선거'도 적임자 추천의 의미를 가졌다. 그 이유는 '부현의 자치사무 등은 중등학교를 만든다든가, 도로제방 등의 토목공사라든가, 산업 장려조장(助長)이라든가, 범위가 한정되어져, 의견의 차이에 의해 대표자를 내, 부현회에서 이것을 다투어야만 할 필요가 적기 때문이다. 시정촌 또한 그러하다. 여론이 대립하여 각각 정당을 만들어 싸워야만 하는 사태는 보통의 경우 일어나지 않기' 때문이라고 하였다. 그러나 현실에서 부현회와 시정촌회의원의 입후보도 각 정당이 공인하고, 추천하여 다투는 사례를 보면 정당의 세력싸움에 지나지 않아, 말하자면 '자치정(自治政)의 정당화(政党化)'라는 현상이라고 다자와는 지적했다[44].

'자치정의 정당화'는 정당이 지방자치를 당세확장의 도구로 이용하는 것으로, 이것은 정당에 의한 지방자치체 내부의 조직화·계열화라고도 말할 수 있는 것이었다. 다자와는 지방자치체 자치사무의 공공적(公共的)

---

44) 田澤義鋪, 앞의 책, 39-40쪽.

성격에 근거하여 '자치정의 정당화'에는 반대하였다. 다자와는 '자치정의 정당화'에 대응해서, '자치행정의 실무화'를 주장하였다.

> 한 나라의 정치와 같이 연설을 하거나 논의를 하거나 하지 않고, 마치 상점·회사의 경영과 같이 실무로서 이것에 임해야 할 것이다. 즉 시정촌장은 사장이며, 점주이고, 조역(助役)·수입역(收入役)은 지배인이며 중역이고, 시정촌회의원은 대표이다. 시정촌회는 주식총회이며, 시정촌민은 주주이다. 만약 중역회의와 주주총회에서 당을 만들어 서로 싸우고, 논의에서도 반대파를 억압하려는 회사·상점이 있다면, 그것은 반드시 이익을 낼 수 없는 회사·상점임에 틀림없다. 시정(市村)·정촌(町村)정도 또한 그와 같다. 서로 실무 성적을 올리는 것을 목표로 하여 화애협동(和哀協同), 그 임무에 임하지 않으면 안 된다45).

다자와는 지방자치체에서 자치사무의 공공적 성격과 함께 시정촌을 주식회사로, 시정촌민을 주주로 비견시켜, 시정촌민의 공동이익을 실현하기 위해 시정촌 내부의 싸움을 배제하고, 시정촌을 실무적으로 운영하는 '자치행정의 실무화'를 구상하였다.

지방자치체의 선거는 '자치행정의 실무화'의 관점에서 인격·식견·경험 등을 기준으로 지방자치체의 의사기관에 참여하는 자로서 적임자를 선출하는 것이지만, 국정선거는 정책을 기준으로 의견의 대표를 선출하는

---

45) 田澤義鋪, 앞의 책, 25쪽.

것이었다. 다자와는 중의원의원선거와 지방자치체선거의 성격차를 해산 문제를 통하여 명확히 하였다.

중의원의 해산은 정부와 의회가 의견을 달리하는 경우에 국민의 의견을 듣는 것을 의미하지만, 시정촌회의 해산은 시정촌장과 시정촌회가 의견을 달리하기 때문에 해산하는 것이 아니라, 시정촌회가 위법 결의를 하고 바꾸지 않는다든가, 해야 할 결의를 하지 않는다든가 등의 법률위반을 하는 경우에 징계의 의미가 있다고 다자와는 서술하였다[46]. 중의원에서 소수여당의 정부가 다수야당과 대립하고 있는 경우 해산은 의견의 대립에 의한 것이지만, 시정촌장이 시정촌회에서 다수파와 대립하고 있는 경우 해산은 다수파에 의한 시정촌 운영의 방해에 대한 시정촌장의 감독권 행사라고 다자와는 이해하였다. 그는 시정촌의 자치사무에서 정당이 대립해서 다툴 문제가 없다는 '자치행정의 실무화'의 관점에서 시정촌회에서 다수파와 소수파의 대립을 인정하지 않았다.

이에 대하여 고토 후미오는 시정촌장과 시정촌회가 대립하는 경우, 시정촌회에 실제적으로 다수파, 소수파가 존재하고 있다는 것을 인정했다. 실제론 시정촌장이 시정촌회를 해산하는 것이 아니라, 어쩔 수 없이 사직하는 경우도 있다고 말하였다[47]. 다자와와 고토는 모두 부현에 정당이 들어오는 것에 대해서는 기정사실로 받아들이고 있었다. 그러나 시정촌에 정당이 들어오는 것에 대해서는 고토만이 사실로서 받아들이고 있었

---

[46] 田澤義鋪, 『通俗政治敎育問答』, (『大成』, 1928년 3·4·6월) (『選集』, 199쪽).
[47] 後藤文夫의 발언, 「座談會 地方自治と政党に就て」, 『斯民』, 1929년 1월, 60-61쪽.

다. 다자와는 시정촌의 자치에서 고토보다 정당배제의 원칙에 철저하였다.

다자와는 정당이 부현회의회와 시정촌회의원의 후보자를 공인하는 것은 입헌정치의 이론에 맞지 않다고 주장했다[48]. 한발 더 나아가 다자와 자신이 '입헌정치의 조국'[49]이라고 말한 영국의 시정촌회의원 선거에서 정당이 다투고 있는 것도 실은 입헌정치의 이론에 맞지 않다고 말하였다[50]. 영국의 지방자치에 대한 의문을 제기하는 것은 다자와가 지방자치 문제에 대해서는 반드시 구미의 이론에 얽매이지 않는 것을 보여주는 것이었다.

다자와는 시정촌선거에서 당파가 다투는 것에 대해서는 반대하고 있지만, 노동당·무산당 등 계급적 정당이 출현하여 자치체의 선거가 정당적으로 될 가능성을 인정하고 있었다. 그 이유는 계급적 정당의 정강·정책이 '국가와 자치체와 공통하는 것이 많기' 때문이었다. 또 하나의 이유는 '지금까지 정치적인 인격을 인정받지 못한 계급이 정치적으로 진출하는 것이기 때문에, 그 세력이 상당히 정치의 표면에 서기까지는 특별한 의미'가 있기 때문이었다. 계급적 정당의 시정촌회 진출을 다자와가 인정한 것은 '만약 소작인도, 노동자도 지주와 자본가와 함께 같은 시정촌회에 진출할 수 있게 된다면 그것으로 사회의 상황은 일단 안정된다'는 이유에서였다[51]. 지방자치체에 계급적 정당을 인정하는 것이 사회의 안정화에

---

48) 田澤義鋪, 앞의 책, 200쪽.
49) 田澤義鋪, 『政治教育講話』, (『選集』, 51쪽).
50) 田澤義鋪, 『通俗政治教育問答』, (『選集』, 200쪽).
51) 田澤義鋪, 위의 책, 200쪽.

기여할 것이라는 인식은 다자와만이 아니라 당시 내무관료들에게서 널리 보여지고 있었다52). 그러나 국정의 장에서 정당이 사회주의, 자유주의, 보수주의를 내걸고 대립하게 되면, 시정촌에서는 정당을 기반으로 싸우지 않도록 해야 할 것이라고 기술하였다53). 다자와는 정당의 존재를 국정에 한정하고, 무산정당의 지방자치체의 정치참가도 일시적인 것으로 보고 있었다. 그는 무산정당의 출현이라는 정치정세의 변화에도 대응하면서 지방자치체에서 정당배제의 의식을 관철하고 있었다.

다자와는 지방자치체에서 정당을 배제하는 구상을 정치교육단체의 조직방법에도 반영하였다. 정치교육단체는 자각한 소장자(少壯者)의 일단(一團)을 중심으로 상설적인 조직으로 만들려고 했다. 이 단체는 한편으로는 회원 상호간 정치연구 조직이 되고, 다른 한편으로는 지방에서 일반적 정치교육운동의 핵심으로 강화회(講話會), 강습회 등을 개최하고, 선거 때에는 이 단체가 중심이 되어 선거숙정동맹회의 사업을 수행하는 조직으로 구상되었다. 또한 다자와는 단체의 조직 방법에 대하여 '지방적 단체'를 주장했다. 그 이유는 첫째, 각 지방의 정치정세가 다르기 때문이고, 둘째, '지방적이고 자주적인 단체를 만드는 것 자체가 정치교육'이기 때문이었다. 또한 지방적 단체를 설립하여 이들 단체가 상호 연맹을 만들어 중앙기관과 제휴하는 것을 시야에 넣고 있었다54). 정치교육기관의 조직은

---

52) 中川望, 「昭和の自治一新(承前)」, 『斯民』, 1929년 4월 ; 後藤文夫・安井英二의 발언, 「座談會 地方自治と政党に就て」, 『斯民』, 1929년 1월, 53-58쪽.
53) 田澤義鋪, 앞의 책, 200-201쪽.
54) 田澤義鋪, 『政治教育講話』, (『選集』, 61-62쪽).

지방적 단체의 설립에 중점이 놓여져 있었다. 이 '지방적 단체'는 공동의 이해관계를 가진 지역단위의 조직에 의한 정치교육이라는 점에서 '자치행정의 실무화'와 같이 지방자치체에 대한 주민의 일체감을 이용하려는 것이었다.

정치교육단체의 조직방법과 함께 주목해야 할 점은 정치교육단체의 중심인 '소장자'의 위상이다. 다자와는 조직화 대상을 소장자 중심으로 해야 할 것이라고 주장했다. 다자와는 정치교육에서 소장자의 지위에 대하여 다음과 같이 평가하였다.

> 구래의 인습에 사로잡히는 것 없이, 신시대의 정신을 이해할 수 있는 소장자, 선배와 청년의 중간에서, 양쪽 모두 이해하고 동정할 수 있는 가능성을 지닌 소장자야말로 정치교육운동의 중견으로서 가장 적당하다고 확신하지 않을 수 없다. 특히 지방에서는 소장자의 일단(一團)이 실력이 있다고 하더라도 아직 이것을 사용할 지위가 없다. 그러한 실제적인 지위는 모두 선배와 노인의 점유로 돌아가 있는 것이 적지 않다. 이러한 점에서 소장자가 실력을 사용할 수 있는 것은 실로 이 정치교육운동에 있다고 해도 좋을 것이다[55].

다자와가 소장자 중심의 정치교육운동을 제창한 이유는 청년단을 거쳐 소장자가 된 사람에 대한 배려와 보통선거 실시라는 현실적인 정치환경의 변화를 의식한 결과였다. 이전에는 지방유력자와 '청장(靑壯)의 국

---

55) 田澤義鋪, 앞의 책, 62쪽.

민'로 구분하여 정치교육을 주장했지만, 이제 노인과 소장자라는 세대에 따른 구분으로 바꾸어 소장층을 정치교육의 중심으로 위치시키고 있었다.

지방자치체에서 정당의 다툼을 배제하는 '자치행정의 실무화'의 관점은 다자와의 정계혁신에 이론적 기초가 되었다. 그러나 그것은 여전히 구체적인 형태로 나타나지는 않았다.

3 지방자치론의 형성

1) 지방자치의 구체화와 이론화

　다자와는 '자치행정의 실무화'를 소화공황(昭和恐慌)과 그것에 동반하는 농업공황에 의한 경제위기의 대책 속에서 구체화시켰다. 그는 경제적 난국을 타파하기 위해서 인습에 의한 생활양식의 나쁜 점을 개선함과 동시에 적극적으로 지방산업을 개선해야한다고 주장했다. 실행을 위해서는 '단체적 협동의 힘'이 필요하고, 그 중심으로 소장자의 일단에 의한 '장년단(壯年團)'의 조직화를 호소하였다. 조직성원은 각 정촌 혹은 정촌 아래의 구획(大字 : 오오아자)을 기준으로 그곳에 거주하는 25세부터 40세까지의 남자로 정하고 있었다. 25세까지의 청년단 활동을 이어서, 청년단의 연장으로 장년단을 설정했다. 다자와는 장년단이 경제난국에 대한 대책만이 아니라, 지방자치의 측면에서는 심각한 당쟁의 악폐를 해결하기 위하여, 국정 참여의 측면에서는 선거부패를 해결하기 위하여, '자치사회의 근저(根底)를 배양'하고, '정치교육의 보습'을 연구·실행할 것을 기대하였다.

다자와는 장년단 창립촉진을 위해 '장년단기성동맹회'를 조직했다. 임원은 고토 후미오, 다자와, 마루야마, 마에다 다몬(前田多門), 후타라 요시노리(二荒芳徳), 우에다 쇼지로(上田貞二郎), 오시마 마사노리(大島正徳), 오노 다케오(小野武夫), 시가 나오가타(志賀直方), 고토 류노스케(後藤隆之助)로 구성 되었다56). 임원의 대다수가 신일본동맹의 회원이었다. 다자와는 경제난국을 계기로 소장자의 일단을 중심으로 하는 정치교육기관 설치구상을 장년단의 조직구상으로 발전시켰다. 물론 지금까지의 청년단 조직의 활동을 활용하여 정촌(또는 大字)을 거점으로 전국조직을 시야에 넣고 있었다.

장년단에 관한 구상은 고토 후미오에게서도 보인다. 고토는 장년단이 경제난국을 타개하기 위한 '협동자강의 조직'57)이 될 것과 '여론 형성과 지도의 중심'58)이 될 것을 기대하였다. 다자와는 장년단을 지방자치체에서 정치교육의 연구·실행기관으로서 위치시켰다. 고토는 장년단을 지방자치체에서 여론형성기관으로 상정했다. 다자와와 고토는 장년단의 조직화에 대하여 다른 정치적인 의도를 가지고 있었다. 다자와는 정당정치 운영의 개선을 요구하고 있는데, 고토는 독자의 정치적 중심세력의 육성을 노리고 있었다. 고토에 비해 다자와의 장년단구상은 정당내각 하의 정당정치 개선책으로서의 성격을 명확히 하고 있었다.

---

56) 田澤義鋪,「壯年團の創立を期して」,『大成』, 1929년 11월, 6-9쪽.
57) 後藤文夫,「再び壯年団結成の急務を論ず―協同自彊の経濟」,『大成』, 1930년 4월.
58) 後藤文夫,「選擧と世論と壯年團」,『大成』, 1930년 2월, 19-22쪽.

다자와는 지방경제의 진흥대책으로 장년단의 조직과 함께 '한 지방한 정촌에서의 경제계획과 실행'을 주장하여 이를 위한 경제계획의 수립을호소했다59). 지방경제진흥책은 각 정촌의 경제계획수립을 호소하는 것이었지만, 그 위에 정촌자치 그 자체에 관해서도 언급하였다.

> 현재의 지방자치는 일종의 위기에 노출되어 있다. 당폐의 침입과 계급투쟁의 빈발 심각한 지방인의 경제난, 다가올 정촌의 재정난, 이러한 여러 가지 곤란이 지방자치 생활을 심각한 궁지에 빠뜨리고 있다. 그다지 궁지라고 자각하지 않는 자도 적지 않지만, 적어도 당면의 난국을 타개하기 위해서는 너무나도 무력한 것을 인정하지 않을 수 없다. 물론 이러한 난국은 경제계의 호경기 출현 혹은 국민의 정치적 식견의 향상, 사회문제의 어느 정도의 완화 등 근본적인 영역이 개선되기까지는 어떻게 하기 어려운 문제이다. 그러나 정촌자치의 활용으로 이러한 근본적 문제의 진전・타개와 함께 그 능률을 상당히 올리기 위해서는 정촌자치의 진용(眞容)에 대해 무엇인가 생각하는 바가 없어서는 안 된다60).

다자와는 정촌의 경제・재정난과 당폐의 침입, 계급투쟁 등의 문제에 대하여 정촌자치를 활용하려고 생각했다. 즉 장년단 등 하나의 단체를 중심하는 하는 대책이 아닌, 정촌자치를 체계화하여 정촌을 단위로 각종 문제를 해결하려고 했다.

---

59) 田澤義鋪, 「時評」, 『大成』, 1930년 1월, 13쪽.
60) 田澤義鋪, 「町村立て直しの陣容」, 『大成』, 1931년 3월, 5쪽.

다자와는 구체적으로 정촌자치의 능률을 올리기 위하여 힘의 집중이 필요하다고 주장하였다. 그는 지방의 정촌생활은 3개의 중심기둥이 조화를 이룰 때 안정될 수 있다고 말하였다. 첫째는 지방관청(役所), 정촌회의원, 구장(區長) 등의 행정계통 둘째는 소학교, 보습학교, 남녀청년단, 청년훈련소, 주부회 등의 교육계통 셋째는 농회, 상공회의소, 산업조합, 각종 동업조합, 은행 회사 등 산업계통이다. 정촌의 난국을 타개하기 위해서 세 가지 계통의 조화와 통제가 필요하다고 서술하였다[61].

이 목적을 달성하기 위하여 각 방면의 책임자·대표자를 모아서 각 정촌에 자치회 혹은 촌치(村治)연구회로 칭할 수 있는 일종의 연락통제기관을 만들 것을 다자와는 제안했다. '정촌의 참모본부'적인 기능을 가진 단체의 설립을 구상하여, 이를 '정촌여론(町村輿論)의 최고조절소(最高調節所)'로 하여 정촌의 연락과 통제를 꾀하려고 하였다. 그는 단체의 설립으로 정당의 침입, 유력자의 반목, 부락의 대립, 사회계층의 항쟁을 완화할 수 있다고 생각했다. 그 이유는 다음과 같이 설명하였다[62].

> 문제가 공개되어 각 방면의 책임자를 모아서 조사하고 연구하기 때문에, 이 방침에 반하는 것은 정촌의 가장 건전하고, 유력한 것을 대부분 적으로 하는 것이 된다. 정당의 대립도, 부락의 반감도, 이 기관에 의해 조정될 것이므로, 유력자의 반감 등은 묵살되어 문제의 소멸을 보는 것도 적지 않을 것이다.

---

61) 田澤義鋪, 앞의 책, 6쪽.
62) 田澤義鋪, 『政治敎育小論』, 1932년 3월, (『選集』, 155-156쪽).

정촌에서 발생하는 문제는 바로 정촌민의 생활과 밀접히 연관되어 있기 때문에 주민의 대부분은 문제에 이해관계를 가지고 있었다. 여기에 정촌이 '정촌의 참모본부'를 중심으로 하나의 조직체제가 된다면 발생한 문제는 조직체제를 통하여 정촌의 공동문제로서 다루어지고, '정촌의 참모본부'에 의해 주민의 공동이익의 시점에서 의견이 정리되면, 이에 반대하는 세력은 정촌 공동의 적으로 간주되는 것이었다. 다자와는 '정촌의 참모본부'를 조직하여 그 합의를 배경으로 정당·유력자·계급 등의 알력을 방지하려고 했다.

또한 다자와는 '정촌의 참모본부'와 함께 그 전위부대의 편성도 주장하였다. 호주 즉 노인에 비해 개혁 실행력을 지닌 소장자를 전위로 세워 소장자를 조직화한 '장년단'을 전위부대로 위치시켰다[63]. 장년단은 정촌 내에서의 사회적 위치를 명확히 함으로써 그 사회적 지위도 강화하였다. '정촌의 참모본부'와 그 전위부대인 '장년단'을 중심으로 하는 지방자치에 대한 체계적인 구상에 의해 다자와는 구미와 다른 일본의 지방자치에 대한 자신의 생각을 지니게 되었다.

다자와는 일본의 자치제도가 독일과 영국의 역사를 통해 발전한 자치 정신을 채용하였지만, 독자의 정신을 가지고 있다고 주장하였다. 독일 고유의 지방자치 정신은 단체의 것은 단체의 책임으로 처리하는 '단체자치'의 정신이고, 영국의 '공민자치'의 정신은 시정촌민이 스스로 시정촌의 사업에 참여하는 것이었다. 여기에 다자와는 일본적 자치정신으로서 '소국

---

63) 田澤義鋪, 앞의 책, 156쪽.

가주의(小國家主義)'를 제창했다. 다자와는 '소국가주의'에 대하여 '시정촌은 국가의 축소판이며 모형이고 일부분이다. 즉 소국가이다'라고 서술하고, 나아가 소국가주의적 자치정신의 근거로 구미와 일본의 사고방식의 차이를 들었다. 유럽인은 왕권과 자치권이 대립하는 역사를 가졌기 때문에, 먼저 자기 자신을 생각하고, 다음으로 자기가 직접 접하는 공공 단체인 시정촌을 생각하고, 마지막으로 국가를 생각하는 사고방식을 가지고 있다. 일본인은 먼저 국가를 생각하고, 그 다음에 자신을 생각하고, 시와 정촌 등은 마지막으로 생각하는 사고방식을 가졌다고 다자와는 이해했다. 다자와는 이것을 '순일본적 정신'으로 파악하여 '일본적 자치정신'을 만들어내려고 했다. 일본적 자치정신인 '소국가주의'는 '모든 사람들이 대신과 의원이 될 수는 없다. 따라서 일본을 조그맣게 나누어 이것만큼(나눈 적은 부분: 인용자주)을 사람들에게 맡기는 것이다. 각자가 이것을 받아서 사랑하는 일본을 좋게 하기 위하여 그 맡은 정(町)과 촌(村)을 좋게 하길 바란다'라는 것이었다[64]. 일본인의 국가우선의식을 기초로 정촌을 '소국가'로 위치시켜, 국가와 동일한 의식수준에서 이해할 것을 주장했다. 그리고 '소국가주의'에 의한 지방자치는 국가와 대비시켜 다음과 같이 이해하였다.

> 자치 권능의 근원은 국가에 있다. 국가 스스로가 지방행정의 모든 것을 관치(官治)로써 행하는 것보다는, 자치를 주어 지방의 사람들에게 이것을 맡기는 것이 국가행정의 목적에 합치한다고 생각하기 때문에 자치의 권능을 부여하는 것이다. 즉 자치의 본질에는 단체자치와 공민

---

64) 田澤義鋪, 앞의 책, 149-152쪽.

자치 이외에 자치도 또한 국가 행정의 한 행태라는 점을 잊어서는
안 된다65).

정촌은 '소국가'이고 자치는 '국가행정의 한 행태'였다. 소국가주의적인 지방자치는 국가행정의 한 행태이며, 같은 모양을 취하기 때문에 행정중심 체제로 이해되었다.

'자치행정의 실무화'는 '자치정(自治政)의 정당화'를 막기 위하여 주장되었고, 지방자치체 내부의 조직화로 구체화되었다. 지방자치체 내부에 조직화된 '장년단'과 '정촌의 참모본부'에는 지방경제의 진흥과 지방자치체에 정당 침투를 막는 역할이 기대되었다. 이 과정에서 다자와의 지방자치론도 형성되었다. '소국가주의'는 정당정치 하에서 행정을 중심으로 지방자치를 파악하는 것으로, 지방자치에서 정당의 당쟁배제를 이론화한 것이었다.

2) 지방자치론과 선거숙정운동

다자와의 지방자치론은 실제적인 경제난국과 정치적 혼란의 대책으로 합치하는 부분이 적지 않았다. 다자와는 국민갱생운동(國民更生運動)과 농촌갱생운동이 일정한 성과를 올리고 있다고 평가하고 이를 지방자치진흥에 이용하려고 했다. 국민갱생운동은 중앙교화단체연합회 주도의 교화운동으로, 운동 강령의 첫 번째가 '입헌적 충군애국의 본지(本旨)에 기

---
65) 田澤義鋪, 앞의 책, 152쪽.

초하여 공민으로서의 자각을 환기하고, 특히 선거의 정화, 자치의 확립에 힘쓸 것'66)을 들었다. 또한 농림성의 농산어촌경제갱생계획(農山漁村經濟更生計畵)에서는 '정촌경제갱생위원회'를 중심으로 하는 계획의 수립 및 실행 지도기관으로 설정되었다67). 이것은 다자와의 정촌참모본부에 상당하는 것이었다. 다자와는 농촌갱생계획수립과 국민갱생운동이라는 지방진흥운동의 호조를 보면서, 정촌참모본부를 항구적인 중추기관으로 확립할 것과 함께 선거정화와 지방자치체의 당쟁배제를 실현하려고 했다.

다자와는 선거정화와 지방자치체의 당쟁배제가 경제의 갱생, 생활 개선과 나란히 지방진흥운동의 중요한 동력이 될 것을 기대하였다68). 지방자치체의 정치적 안정을 보증하는 선거정화와 당쟁배제는 지방진흥운동의 기초를 다지는 중요한 과제로 인식되었다.

선거숙정을 위해 다자와는 정촌유지(町村有志)가 지방문제에 당쟁을 개입시키지 못하도록 농촌갱생계획에 조항을 만들었고, 정실선거(情實選擧)·매수·이익제공 선거를 배제하는 것으로 농총갱생운동 혹은 국민갱생운동의 합의내용으로 추가할 것을 주장하였다. 나아가 이를 감시하기 위하여 각 부락별로 선거숙정위원을 둘 것도 제안하였다69).

실제 선거숙정운동에서는 칙령에 의해 도부현지사의 자문기관으로 도부현선거숙정위원회가 만들어졌다. 다자와는 도부현선거숙정위원회의

---

66) 中央敎化団体連合會, 「國民更生運動要綱及綱領解說」, 1932년 9월.
67) 農林省, 「農山漁村經濟更生計畫樹立方針」, 1932년 12월 2일.
68) 田澤義鋪, 「地方更正運動の根底」, 『斯民』, 1933년 9월, 4-6쪽.
69) 田澤義鋪, 위의 책, 6-7쪽.

주도로 각 시정촌에 선거숙정위원회를 만들게 하고, 시정촌선거숙정위원회가 지방의 실정에 맞는 선거숙정의 합의사항을 결의하여 각 부락의 조합적인 협력하에 철저히 실행할 것을 기대하였다[70]. 이러한 다자와의 생각은 내무성의 외곽단체로, 선거숙정운동의 민간측 주도기관으로 설립된 선거숙정중앙연맹의 운동방침과도 일치했다[71]. 다자와는 선거숙정중앙연맹의 상무이사로 있었다. 선거숙정중앙연맹은 부락간담회를 통해서 각 부락단위의 선거숙정운동을 전개했다. 결국 선거숙정운동은 지방자치체 내의 조직을 활용하여 선거의 정화와 지방자치체에 정당의 당쟁을 배제하려는 것이었다.

실제로 부락간담회는 '경찰관의 활동'이라는 가장 강력한 단속 방법 이외에 가장 유효한 선거숙정의 방법이 되었다[72]. 선거숙정중앙연맹은 선거숙정운동의 발전이 자치진흥운동으로 전개될 것을 당연한 과정으로 생각하고 있었다. 선거숙정중앙연맹은 부락간담회를 항구적 시설로 하는 부락상회(部落常會)를 자치진흥의 기초로서 인식했다[73]. 부락상회는 선거숙정과 지방자치진흥을 유한 상설적인 조직으로서 위치 지워졌다. 선거숙정운동에서 부락간담회는 선거의 정화와 지방자치의 진흥은 물론 지방자치체의 조직화를 이끄는 역할을 수행했다.

---

70) 田澤義鋪, 『選擧肅正の意義と方法』, 選擧肅正同盟會, 1935년 6월, 41-44쪽.
71) 選擧肅正中央連盟, 『選擧肅正第二次運動計畵の大要』, 1935년 11월, 1-2쪽.
72) 選擧肅正中央連盟, 『昭和十年地方議會選擧肅正運動の實績調査』, 1936년 7월.
73) 選擧肅正中央連盟, 『伍人組と部落常會』, 1937년 6월, 1-2쪽.

4 소결

다자와는 지방자치체에서 공민의 육성을 목적으로 청년의 공민교육을 시작했지만, 정당정치의 '부패'에 직면하면서 성인의 정치교육이 필요하다는 것을 인식하였다. 다자와의 정치교육은 1924년 이상선거실현을 내걸고 총선거에 출마한 것에서부터 구체화되었다. 다자와는 현실 정당정치의 부패가 다수당의 전횡과 그것을 지탱하는 정당정치의 구조에 기인한다고 파악하였다. 또한 다수당전횡의 원인이 지방자치체에서 벌어지는 정당의 다툼에 있다고 지적하였다.

다수당전횡의 정치구조에 대응하기 위하여 다자와는 신일본동맹을 조직하여, 선거숙정운동과 중립정당수립운동을 결합한 정계혁신운동을 전개하였다. 그러나 중립정당수립운동의 실패로 현실 정계혁신운동은 정치교육과 선거숙정운동으로 중심을 옮겨오게 되었다.

다자와는 정치교육론에서 선거숙정을 이론화했다. 지방자치체에서 정당의 다툼이 생기는 '지방정의 정당화'에 대하여 '지방행정의 실무화'를 주장했다. '지방행정의 실무화'는 지방자치체에서 자치사무의 공공적 성격과 주민의 공동이익의 관점에 기초하여, 지방자치에서 정당의 당쟁을 배제함에 따라 선거숙정을 달성하려는 것이었다.

　1920년대 후반 농촌 경제위기의 극복을 위해 다자와는 지방자치의 활용을 주장했다. 지방자치의 공공적 역할에 기초해서 '정촌의 참모본부'를 조직하며, '정촌의 참모본부'를 중심으로 주민의 공동이익을 추구하려 하였다. 또한 '정촌의 참모본부'는 주민의 합의를 근거로 자치체의 분쟁을 해결하는 방식을 채택하기 때문에, 자치체의 합의가 지방자치체에서 정당의 대립을 배제하는 힘이 되었다.

　이러한 과정을 거쳐 다자와는 일본만의 독자적인 지방자치론을 주장하기에 이른다. 그의 '소국가주의'는 일본인의 국가우선의식에 기초한 행정 중심의 지방자치론이다. 이 지방자치론은 정당정치 하에서 행정이 수행하는 지방자치체의 공공적 역할과 주민의 공동이익이라는 관점에서 지방자치체를 조직화함으로써, 지방자치를 정당정치로부터 분리시키는 이론적인 기초를 제공하였다.

제4장
정당내각 붕괴의 서막
- 선거숙정단체의 성립과정 -

1 선거혁정심의회의 성립

1929년 7월 2일 정우회를 여당으로 하는 다나카내각이 장작림폭살사건에 책임을 지고 총사직한 후, 민정당 중심의 하마구치 오사치(浜口雄幸) 내각이 성립하였다. 하마구치가 궁중에 들어가 명을 받고 내각을 성립하기까지는 불과 8시간밖에 걸리지 않았다. 이례적인 빠른 내각성립은 다나카내각의 퇴진이 이미 예상되고 있었던 측면도 있지만, 한편으로는 명치헌법 하에서 의회정치의 정착을 바라는 국민여론에 따라, 대립하는 정당 간의 정권교대가 이른바 '헌정의 상도론(常道論)'으로 국민들 사이에 깊게 침투해 있는 것에도 기인한다.

내각성립 직후 도코나미 타케지로(床次竹二郎)가 이끌던 신당클럽이 정우회와 합쳤다. 또한 야당 정우회는 244명으로 중의원 의석의 과반수를 차지하고 있었던 것에 비해, 여당 민정당은 172명에 지나지 않았기 때문에 제57의회에서 중의원이 해산하고, 총선거가 실시되는 것은 당연한 것으로 여겨졌다. 그러나 하마구치내각은 총선거의 필승을 기하기 위하여 해산을 미루었다[1]. 내각은 선거를 대비하여 지방관의 이동과 함께 야당

---

1) 松尾尊允,「政友會と民政党」,『日本歷史19』近代6, 岩波書店, 1976, 113쪽.

정우회의 오직(汚職)사건을 연이어 적발하였다. 사설철도, 조선, 매훈(賣勳) 등 3가지 의혹으로 전 철도상 오가와 헤이키치(小川平吉), 전 조선총독 야마나시 반죠(山梨半造), 전 상훈국 총재 아마오카 나오요시(天岡直嘉) 3인이 검거되기에 이르렀다. 이것은 민정당 내각에도 파급되어, 문부대신 고바시 이치타(小橋一太)의 오직이 적발되었다. 이로 인해 여·야를 불문하고 정당정치 전체가 부패되었다는 인상을 국민에게 다시 한 번 심어주게 되었다. 이시기 여·야를 불문하고 기성정당은 정당정치의 신뢰회복에 최대한의 관심을 기울였다.[2]

민정당은 빈발하는 의혹사건으로 각 방면에서 정계정화의 목소리가 일어남에 따라, 이러한 사건의 근본적인 원인은 선거에 거액의 비용이 필요하기 때문이라는 것을 지적하고, 대책을 세우기 위해서 당내의 선거법개정특별위원회를 활용함과 함께 선거비용의 제한을 중심으로 하는 선거법 개정에 관한 조사기관을 설치하고, 각계의 권위자를 위원으로 이는 신중한 조사 연구를 정부에 진언하기에 이른다.[3] 정부에서 이것에 특히 의욕을 보인 사람이 내무대신 아다치 겐죠(安達謙藏)였다.

아다치내무대신은 1929년 12월 6일 하마구치수상과 회견하여 선거의 공영, 그 외 선거 정화방법에 관한 심의기관으로서 내각 직속에 하마구치수상을 회장으로 하는 선거법개정조사회를 만들 것을 결정했다. 조사회의 조직과 조사항목 등에 관해서는 내무성에서 초안을 만들었다.[4] 이에

---

[2] 伊藤之雄, 「議憲三派內閣の形成と展開」, 『政黨內閣の成立と崩壞』, 山川出版社, 1984, 45쪽 참조.
[3] 『東京朝日新聞』, 1929년 12월 1일.

대하여 하마구치수상은 '선거법개정이 아닌 선거계를 숙정(廓淸)하려고 한다는 견지'에서라는 것을 명확히 말하고 있다.5) 그러나 이같은 움직임에 대하여 국민여론은 '동기에 불순이 느껴지는 것이 있으며, 그 실행의 성의에 의심스러운 것이 있음에도 불구하고 시기적절한 것으로 찬성한다'6)라고, 동기는 찬성하지만 다가오는 선거를 자기 당에 유리하게 이끌기 위한 것인 아닌가라는 의심의 눈초리를 가지고 있었다.

정부의 움직임에 따라 여당 민정당도 12월 10일 선거조사회의 설치를 결정했다. 의회해산을 눈앞에 둔 상황이었기 때문에, 내무성의 수뇌회의에서는 조사회를 만들어서 논의할 내용과 긴급한 선거대책 두 가지를 나누고 있었다. 조사회의 명칭은 '선거혁정조사회'로 하고, 조사내용은 '선거법개정, 당비 공개, 국민정치교육, 경찰제도 개혁(사법경찰의 독립), 행정관의 신분보증, 치안경찰법 개정, 의원의 당적이탈 방지에 관한 조사항목내용'이었다. 긴급 대책은 포스터의 일부 부활, 투표소의 증가 등 선거에 관한 내무성령(內務聖靈)의 개정에 있었다.7) 조사회의 검토내용은 선거법개정에 그치지 않고, 선거계 정화라는 관점에서 국민의 정치교육까지 포함하는 광범위한 영역을 염두에 두고 있었다.

그러나 당비 공개 등 일부문제에 대해 당내의 의견일치가 힘든 점과 총선거를 앞둔 상황이라는 시간적인 문제도 있어, 선거혁정조사회의 연내

---

4) 『東京朝日新聞』, 1929년 12월 7·9일.
5) 『東京朝日新聞』, 1929년 12월 9일.
6) 『東京朝日新聞』, 1929년 12월 6일.
7) 『東京朝日新聞』, 1929년 12월 14일.

설치는 여당 내의 반대와 에기 타스쿠(江木翼) 철도대신과 우가키 가즈시게(宇垣一成) 육군대신의 반대로 연기되었다.[8]

1930년 1월 7일 각의에서 아다치내무대신 안의 중의원 의원선거혁정심의회관제안이 승인되었다. 조사항목은 정치교육 보급, 투표의 기권방지, 비례대표, 선거공영, 중의원 의원선거법의 개정 등[9] 선거숙정과 관련된 모든 사항이 망라적되어 있었다. 선거혁정심의회 간사회는 심의항목을 조사 연구하여, 그 결과를 총선거후의 제1회 선거혁정심의회 총회에 제출하기로 하였다. 간사회는 유관부처의 관료들로 구성되었다.

---

8) 『東京朝日新聞』, 1929년 12월 27일.
9) 『東京朝日新聞』, 1930년 1월 8일.

2 정치교육단체에 관료들의 논의

　총선거를 앞둔 시기였기 때문에 선거혁정심의회 본회의를 통한 논의가 이루어질 수 없어, 간사회를 통한 구체적인 안건의 조율이 이루어졌다. 1930년 2월 4일 선거혁정심의회 제1회 간사회10)가 개최되었다. 논의내용은 의사규칙안과 '선거혁정에 관한 조사요강'에 관한 것이었다.

　　'선거혁정에 관한 조사요강'
　　첫째 정치교육(정치도덕의 향상, 정치지식의 양성) 보급에 관한 사항
　　(1) 학교교육에 의한 방법(소학교, 중학교, 사범학교, 보습학교 등의 교재 선정)
　　(2) 사회교육에 의한 방법(강연, 강습 및 인쇄물의 배포 등)
　　둘째 기권방지에 관한 사항
　　셋째 비례대표제도에 관한 사항
　　넷째 선거공영에 관한 사항

---

10) 『衆議院議員選擧革正審議會幹事會』의 인적구성 : (幹事長) 潮惠之助 內務次官. (幹事) 內閣書記官 舘哲二, 法制局參事官 金森德次郎, 內務省地方局長 次田大三郎, 內務省警保局長 大塚惟精, 司法省刑事局長 泉二新熊, 文部省普通學務局長 篠原英太郎, 文部省社會敎育局長 關屋龍吉(『衆議院議員選擧革正審議會幹事會議事錄』(이하『幹事會議事錄』(國立公文書館)에서 정리).

다섯째 선거법개정에 관한 그 외의 사항

('첫째 정치교육 보급에 관한 사항' 이외 구체적인 항목은 생략)[11]

정치교육에 관한 항목은 학교교육에 의한 방법과 사회교육에 의한 방법으로 분류하였고, 사회교육에는 강연, 강습 및 인쇄물 배포 등을 포함한 구체적인 방법을 모색할 것을 염두에 두고 있었다. 간사회에서는 심의항목별 원안작성을 위한 간사를 결정했는데, 정치교육 항목은 사회교육 관점에서 문부성의 보통학무국장 시노하라 에이타로(篠原英太郞)간사가 작성하기로 했다.

1930년 2월 20일 총선거에서 민정당은 해산전 173석에서, 총선거 후 제58의회에서는 269석을 차지하는 대승리를 거두었다. 3월 10일 제2회 간사회가 개최되었다. 여기서는 '선거혁정에 관한 조사요강'이 정리되었다. 이전과 차이는 총 5개 항목으로 되어있던 항목이 7개 항목으로 늘어난 것이다. '벌칙에 관한 항목'과 '그 외 선거혁정에 관한 사항'이었다.[12] 이것은 정치교육, 선거제도의 공영화와 함께 벌칙의 강화도 선거혁정의 중심적인 내용으로 위치시키려는 것이었다. 연좌제 강화와 매수사범 엄벌을 염두에 둔 벌칙의 강화는 정당의 이해와는 배치되는 것으로, 간사회의 독자적인 의견수렴과정에서 추가되었다. 선거제도와 관련된 항목은 기존 연구에 맡기고,[13] 본 책에서는 정치교육영역을 정리하고 한다.

---

11) 『幹事會議事錄 第二回幹事會記錄』, 1930년 2월 4일, 國立公文書館.
12) 1930년 4월 12일 개최된 제1회 선거혁정심의회 총회에 보고된 제2회 간사회 결정의 조사항목에서 정리. 『第一回 衆議院議員選擧革正審議會總會議事速記錄』 (國立公文書館).

제2회 간사회에서는 정치교육과 관련하여 문부성으로부터 '정치교육의 보급철저를 꾀하기 위해 실시해야할 사항 대요'가 제출되었다.

1. 학교교육에서 공민교육에 철저를 기할 것 (이하 생략)
2. 중등학교교원에 대한 공민교육강좌를 개설할 것 (이하 생략)
3. 사회교육상에서 공민교육의 진흥을 기할 것
    공민교육을 보급하고 철저하게 하기 위해서는 사회교육적 방법에 의한 것이 매우 필요하고 유효하다고 생각하여 다음 사항을 실시할 것
    (1) 성인교육의 충실의 확장
    현재 성인교육실시는 아직 매우 불충분한 것으로 이를 확장하고, 특히 공민교육에 힘을 기울여 현재 유권자인 자 및 가까운 장래에 유권자가 되는 자의 자각을 촉진할 것
    (2) 공민교육 지도자의 양성
    공민교육의 지도자 지위에 있는 자에 대하여 지도자로서 필요한 자질을 더욱 더 깊게 갖추게 하기 위하여 강습회, 강좌 등을 개최할 것[14]

정규교육과정의 공민교육 강화를 통한 정치교육의 충실과 함께 사회교육에서도 공민교육의 실시를 내용에 담게 되었다. 주요한 내용은 성인을 대상으로 한 공민교육의 실시와 성인의 공민교육을 이끌 지도자를 양성하는 것에 초점이 맞추어졌다.

사회교육영역에서 공민교육을 구체화시키기 위한 방안으로 정치교육

---

13) 伊藤之雄, 「「ファシズム」期の選擧法改正問題」, 『日本史硏究』 212, 1980 참조.
14) 『幹事會議事錄 第二回幹事會記錄』, 1930년 3월 10일.

단체에 대한 논의가 처음으로 이루어졌다. 민간에 청년단 등의 정치교육 단체는 있지만 하나의 통일적인 단체가 필요하다는 것이었다. 그러나 관이 중립의 단체를 원조하는 것은 당세의 확장에 이용될 우려가 있기 때문에 민간의 자유로운 입장을 가진 단체에 정치교육을 맡기는 방법을 생각하였다. 그러나 방임할 수는 없다는 등의 논의가 전개되었다.15) 간사회는 아직 정리된 의견을 가졌다고는 볼 수 없는 단계이지만, 하나의 정당에 의해 좌우되는 것을 경계하고 있었다.

한편 민간에서도 선거혁정문제에 대한 의견을 제출하고 있었다. 제2회 간사회로부터 8일 후인 3월 18일 다자와 등이 주도하는 '선거숙정동맹회'는 선거혁정심의회에 건의서를 제출했다. 건의 내용은 연좌법 제정, 매수 사범의 엄벌과 함께 정치교육의 철저가 그 핵심이었다. 정치교육 문제에 대해서는 먼저 정부여당의 정책선전 도구로 이용 될 우려를 경계하면서 정치교육단체의 설립을 주장하였다.

> 정부는 그 장려 하에, 민간에서 진정으로 공정하며 유력한 정치교육단체를 조직하게 하고, 정부는 상당한 기금을 교부하여, 부단히 정치교육을 담당하게 해야만 한다. 그리고 이 단체는 한편으로는 학자, 언론기관, 지방자치 당국자, 교육자, 청년단 등과 밀접한 관계를 가지고, 한편으로는 각 정당 대표자의 지지를 받을 수 있게 조직해야 한다. 그 사업은 강연, 강습, 팸플릿, 도서 발행 등 외에 상시적으로 정치운용에 관한 내외의 자료를 조사하여 국민 반성의 자료로 제공하고,

---

15) 『幹事會議事錄 第二回幹事會記錄』, 1930년 3월 10일.

선거 때에는 폐해 제거를 위해 전력을 다하고, 한발 더 나아가 각 정당의 정책을 비교대조해서 국민의 판단을 도와주고 혹은 우리 선거 숙정동맹회에서 가장 힘을 기울이고 있는 선거비용 선거인부담의 원칙을 확립하기 위하여 국민의 각성을 촉구하는 등, 면밀한 준비와 열의 있는 노력으로 효과를 거두도록 노력하지 않으면 안 된다.16)

정치교육단체는 정부의 기금에 의한 민간단체로 상정되고 있으며, 사업은 선거숙정에 한정하지 않고 정치교육 전반에 걸친 광범위한 것으로 이해되었다. 기존 정치교육단체 대한 평가와 새로운 단체의 효과에 대해서는 다음과 같이 언급하고 있다.

정부는 현재 존재하는 정치교육단체 및 청년단 등을 지도원조하면 상당한 정치교육의 효과를 거둘 수 있을 것 같이 생각한다. 오늘날 민간 사정에서 진정한 헌정의 유종의 미를 거두고, 정계부패의 뿌리를 제거하고자 바란다면 쉬운 일이 아니라는 것을 알아야만 한다. 즉 정부는 이러한 얻기 어려운 기회에 상당히 많은 액수의 기금을 사용하여, 진정으로 유력하면서 공정한 단체의 창립에 착수해야만 한다. 더욱이 이 단체의 적당한 담당자를 얻을 수 있다면 효과는 반드시 당면의 선거계 악폐를 제거하는 것에 그치지 않고, 장래 일어날 수 있는 입헌정치에 대한 사상적 동요의 대처에서도 매우 중요한 기능을 발휘할 것이다.17)

---

16) 『衆議院議員選擧革正審議會資料 其一』 (國立公文書館).
17) 위와 같음.

기성단체로는 '정계부패의 근저'의 제거 할 수 없기 때문에 새로운 단체의 설립을 제안하는 것이고, 나아가 그 단체에게 '입헌정치에 대한 사상적 동요', 즉 좌우과격세력에 대응하는 기능까지도 기대하였다.

선거숙정동맹회의 건의서 제출시기가 제2회 간사회 다음이고, 내용은 간사회에서 논의하였지만 결정을 내리지 못한 정치교육단체에 대한 명확한 의견을 제시하였다는 점이 주목된다. 선거숙정동맹회가 관료출신자들이 주축을 이루고 있다는 점에서 선거숙정동맹회와 간사회 사이에는 교감이 있었다고 추측된다. 건의서는 간사회의 정치교육단체에 관한 결정에 힘을 실어주는 요소로 작용했을 것이다.

1930년 4월 7일 제3회 간사회에서는 의제로 시노하라간사가 제안한 '정치교육의 보급철저를 꾀하기 위하여 실시해야할 사항 대요'에 대하여 의견을 교환하고, 총회 자료로 하기 위해 준비조사를 하였다. 다음은 제3회 간사회에 제출된 내용 중 사회교육부문을 중심으로 정리한 것이다.

(첫째) 학교교육에 관한 것(내용생략)
(둘째) 사회교육에 관한 것
1. 정치교육을 목적으로 하는 유력한 단체의 조성
(1) 국고에서 보조금 300만엔을 일시금으로 교부받아 재단법인을 설립하게 할 것
(2) 재단법인의 사업은 단지 보조금의 이자뿐만 아니라 그 원금의 일부도 점진적으로 사용하여 매년 50만엔정도의 사업을 경영하게 할 것
(3) 위 단체는 관청으로부터 완전히 독립시킬 것

(4) 단체 책임자 인선에 가장 주의를 기울려 퇴직관리 그 외 고령자를 피할 것
　　(5) 성인교육강좌, 이동강좌의 개설, 활동사진 및 라디오의 활용, 정치교육자료 기관잡지 발행 등 정치교육상 유효한 각종 사업을 하게 할 것
　2. 공민교육지도자강습회의 개설(내용생략)[18]

　제2회 간사회에서 제출된 '정치교육의 보급철저를 꾀하기 위하여 실시해야할 사항 대요'의 사회교육과 비교하면 정치교육단체의 설립으로 내용이 구체화되었다. 특히 관청으로부터의 독립을 명시하였고, 책임자의 인선에도 퇴직관리를 배제하는 등 원칙을 분명히 하였다. 정치교육단체가 정당내각 하에 정권담당내각의 하수기관화 되는 것을 우려한 조치로 이해된다.
　제3회 간사회에서 위의 내용은 많이 수정되었다. '1. 정치교육을 목적으로 하는 유력한 단체의 조성(助成)'의 '조성'이라는 용어가 '설립'으로, 또한 '정치교육과 밀접한 관계가 있는 기성단체의 조성'이 새롭게 들어가게 되었다. 이것은 정치교육의 유력 중심기관을 기존단체와 차별하여 새롭게 신설하는 것과 현재의 정치교육단체를 현 상황에서 지원하는 형태를 띠는 것이었다. 그러나 (3), (4)의 삭제는 정치교육단체와 관청의 관계, 정치교육단체와 관료의 관계를 명확하게 단절하는 것을 피하는 것으로 원래의 취지에서 후퇴하는 모습을 보였다. 관료, 관청의 통제권을 은연중

---

18) 『幹事會議事錄 第三回幹事會記錄』, 1930년 4월 7일.

에 암시하는 것이기도 하였다.

  5월 14일 제4회 간사회는 제3회 간사회의 '정치교육의 보급철저를 꾀하기 위하여 실시해야할 사항 대요'에서 정치교육단체의 항목을 수정하여 다음과 같이 내놓았다.

> (첫째) 정치교육기관에 관한 것 (생략)
> (둘째) 학교교육에 관한 것 (생략)
> (셋째) 사회교육에 관한 것
>   1. 정치교육을 목적으로 하는 단체의 설립
>   국고에서 보조금 300만엔을 일시금으로 교부받아 재단법인을 설립하고, 단지 보조금의 이자뿐 만아니라 그 원금의 일부도 점진적으로 사용하여 매년 40만엔 정도의 사업을 경영하게 할 것
>   2. 정치교육과 밀접한 관계가 있는 기성단체의 조성
>   정치교육의 강습, 강연, 통신강좌 등을 개설하는 모든 단체의 사업 경비를 전항의 단체에서 보조하게 할 것
>   3. 성인교육기관의 충실・확장 (생략)
>   4. 공민교육 지도자강습회의 개설 (생략)[19]

  관료를 중심으로 하는 간사회에 의해 정리된 정치교육단체 설립 문제는 선거혁정심의회에서 본격적으로 논의되었다.

---

19) 『幹事會議事錄 第四回幹事會記錄』, 1930년 5월 14일.

3 정치교육단체에서 선거숙정단체로

선거혁정심의회[20]는 1930년 4월 12일 제1회 중의원의원선거혁정심

---

20) 「選擧革正審議會の委員名簿」
　・會長 : 內閣總理大臣 浜口雄幸.
　・副會長 : 內務大臣 安達謙藏・鐵道大臣 江木翼.
　・委員 :
　司法大臣 渡辺千冬, 遞信大臣 小泉又次郎, 拓務大臣 松田源治,
　內閣書記官長 鈴木富士彌, 法制局長官 川崎卓吉, 內務政務次官 齊藤隆夫, 內務參与官 內ケ崎作三郎, 司法政務次官 川崎克,
　內務次官 潮惠之助, 司法次官 小原直, 文部次官 中川健藏, 遞信次官 今井田情德, 檢事總長 小山松吉,
　東大總長(法學博士)小野塚喜平次, 東大(法學博士)美濃部達吉, 京大(法學博士)佐々木惣一, 早稻田大總長 高田早苗, 慶応大總長 林毅陸,
　貴族院議員 公爵近衛文麿, 伯爵松平賴壽, 子爵青木信光, 男爵黑田長和, 水野鍊太郎, 伊澤多喜男, 關直彦, 塚本情治,
　衆議院議員 柏谷義三, 前田米藏, 山崎達之輔, 藤澤幾之輔, 富田幸次郎, 櫻內幸雄, 淸瀨一郎, 安部磯雄.
　　(異動)
　・會長 ; 浜口→幣原喜重郎(1930년 11월 15일), 幣原喜重郎→浜口(1931년 3월 9일), 浜口→若槻礼次郎(1931년 4월 14일), 若槻礼次郎→犬養毅(1931년 12월 13일).
　・委員
　內務參与官 內ケ崎作三郎→內務參与官 一宮房治郎(1930년 4월 4일).

의회총회(이하 심의회총회)를 개최하여, 두 차례의 자유토론을 거쳐 5개의 심의항목을 결정하고, 2개의 특별위원회를 설치하였다. 제1특별위원회는 '1. 투표매수 방지에 관한 건 2. 선거비용 감소에 관한 건 3. 선거간섭 방지에 관한 건 4. 그 외의 제도개정에 관한 건'을 다루기로 하였다. 제2특별위원회[21])는 '5. 입헌사상 함양에 관한 건'을 다루기로 했다. 정치교육단체의 문제는 제2특별위원회에서 6월 23일에서 9월 25일까지 여섯 차례에 걸쳐서 논의되어 정리되었다. 이 최종안은 1930년 10월 31일 제4회 심의회총회에 회부되어 답신안이 만들어졌다.

정치교육단체에 관한 논의가 본격적으로 시작된 것은 1930년 7월 2일 제2회 제2특별위원회에서였다. 정치교육을 목적으로 하는 단체의 설립에 대한 귀족원 세키 나오히코(關直彦)의 지지발언에 이어 세키야 류키치(關屋龍吉 : 문부성 사회교육국장) 간사는 청년단의 활동을 예를 들어 청년단이 중앙에 연합청년단을 조직하였듯이 정치교육운동에서도 중앙단체를 만들

　衆議院議員　富田幸次郎→櫻內幸雄(1930년 4월 4일 再任命)
　衆議院議員　櫻內幸雄→降旗元太郎
　衆議院議員　安部磯雄→富田幸次郎
　衆議院議員　粕谷義三→安部磯雄(의원이 아님)
　衆議院議員　藤澤幾之輔→島田俊雄(1930년 6월 30일).
　(『衆議院議員選舉革正審議會會議日誌』, 國立公文書館).
21) 「第二特別委員會委員名簿」.
　・內務次官　潮惠之助, 文部次官　中川健藏, 內務參与官　一宮房次郎.
　・早稻田大總長　高田早苗, 慶応大總長　林毅陸.
　・貴族院議員 : 伯爵松平賴壽, 伊澤多喜男, 關直彦.
　・衆議院議員 : 山崎達之輔, 藤澤幾之輔, 安部磯雄, 降旗元太郎.
　　(『衆議院議員選舉革正審議會　第二特別委員會議事錄』, 國立公文書館).

어 지방단체를 지도할 필요성을 피력하였다.

그러나 정치교육단체에 대하여 야마자키 다즈노스케(山崎達之助 : 정우회, 문부관료출신) 위원은 문제제기에서 반대의사를 분명히 드러냈다. 첫째, 국고에서 300만엔이라는 자금으로 재단법인을 만들어도 실제적인 사업은 각 지방의 청년단체와 현의 교육회가 수행하기 때문에 형식화되기 쉽다는 것이었다. '지방의 청년 중에 매우 진실한 자가 정치혁정운동을 일으킨 다음에 이러한 것(정치교육단체 ; 인용자주)이 생길 수 있도록 지도하는 것이 좋지 않겠는가. 현의 학무과 언저리에서 하는 것도 좋지만, 형식적으로 흐르기 쉬운 폐해가 있기 때문에 실제 효과가 그다지 없는 재단법인을 만든다는 안이 어떨지'22)라고 하면서 정치교육단체를 만드는 것에 대하여 부정적인 의견을 내놓았다. 즉 정치교육이 현 교육회 또는 지방 청년단에 대한 지원으로 형식화되는 것에 반대하였다. 둘째, 조직적인 측면에서 중앙에 1개의 단체를 만들어 총본산으로 하여 전체를 지도한다는 것은 불가능하며, 폐해가 퍼지기 쉽다는 것이었다.23) 야마자키는 재단법인이 정치교육운동의 총본산이 되어 야당인 정우회를 억압할 것을 염려하였다.

여기에 하야시 키로쿠(林毅陸 : 慶應大總長)도 정치교육의 총본산이 될 중앙단체가 정당으로부터 침입을 받을 염려에서 부정적인 생각을 피력하였다. 아베 이소오(安部磯雄 : 사회대중당)위원도 경비 문제로 반대하였다.

---

22) 『衆議院議員選擧革正審議會 第二特別委員會 第二回特別委員會 議事速記錄』, 1930년 7월 2일, (國立公文書館), 46-48쪽.
23) 『衆議院議員選擧革正審議會 第二特別委員會 第二回特別委員會 議事錄』, 1930년 7월 2일, (JACAR(アジア歷史資料センター 이하생략) Ref.A05021121100, 國立公文書館).

위원회에서는 반대의 의견이 적지않았다.

일주일 후 개최된 7월 9일 제3회 제2특별위원회에서도 야마자키위원은 정치교육의 문제 '국민총동원을 할 정도의 의지'를 가져야 할 문제이기 때문에, 중앙에 하나의 단체를 만들 재원(財源) 확보에 문제가 있으며, 감독의 곤란과 효과에 대해서도 의문이고, 폐해 발생 우려도 있기 때문에 하나의 단체가 아닌 여러 단체가 여러 방면에서 운동을 전개할 것을 주장하였다. 이러한 계속된 반대에 마쓰타이라 요리나가(松平賴壽)위원장은 잠시 회의를 중단하고 비공식 간담회를 열어 논의한 후 다시 위원회를 속개하여 중앙단체 설립은 좀 더 연구할 문제로 논의의 연기를 결정하였다.[24] 이것은 단체설립에 대한 반대논의의 확산을 막고, 단체설립을 제안한 정부측 간사회에 준비할 시간을 주는 의미이기도 하였다.

제2특별위원회가 휴회하고 있는 7월 16일 제5회 간사회에서는 단체설립의 재원 문제를 논의하였다. 원래 단체설립에 있어서 국고보조금을 일시 교부한다는 것의 의미는 '300만엔을 일시에 지출하여 재단법인을 설립하게 한 이후, 정부의 직접적인 간섭을 없게 하기 위한 것'[25]과 같이 단체의 외부의 간섭을 막기 위한 것이었다. 제5회 간사회에서는 300만엔 보조금 교부는 정부와 여당의 간섭을 막고, 정치적인 중립성을 확보하기 위해서 필요하다는 것을 재확인하였다. 그러나 7월 21일 제6회 간사회에

---

24) 『衆議院議員選擧革正審議會 第二特別委員會 第三回特別委員會議事錄』, 1930년 7월 9일, (JACAR Ref.A05021121100, 国立公文書館).

25) 「政治敎育振興을 目的으로 하는 財團要項」, 『幹事會議事錄 第五回幹事會記錄』, 1930년 7월 16일.

서는 300만엔 일시 교부금으로 할 것인가, 매년 교부금으로 할 것인가 하는 것을 정치문제라고 인식하고 있었다.26) 즉 일시 교부금으로 할 것인가, 매년 교부금으로 할 것인가는 위원회를 비롯한 심의회에서 정치적으로 판단하여 결정할 사항으로 이해하고 있었다. 국고 보조금의 교부방식에 대하여 간사회에는 유연한 태도로 돌아섰다.

그러나 간사회에서는 정치교육단체 설립과정에서 있어서 몇 가지 지켜야 할 항목을 염두에 두고 있다. 제5회와 제6회 간사회의 결과 다음에 개최되는 제4회 제2특별위원회(7월 30일)를 준비하여 마련된 '정치교육에 관한 재단법인설립 이유'라는 간사회 작성의 의견서에 의해 간사회가 중요시하는 문제의 순위를 알 수 있었다. 의견서는 설립이유를 설명하는 내용과 '간사장 복안'의 두 부분으로 구성되어 있었다. 정리하면 다음과 같다.27)

---

26) 『幹事會議事錄 第六回幹事會記錄』 中川委員發言, 1930년 7월 21일.
27) 「政治教育ニに關スル財團法人設立理由」, 『衆議院議員選擧革正審議會第二特別委員會第四回特別委員會議事錄』의 첨부자료, 1930년 7월 30일, (JACAR Ref.A05021121100, 國立公文書館).

설립이유
1. 현실의 정치운동, 사회운동 등을 해설, 비판하며 이것에 대한 이해를 높이는 것이 중요하다.
2. 이사는 정부 및 정당과 하등 관계가 없는 중정(中正)한 인물로 해야한다.
3. 재단의 자유공정한 활동을 보장하기 위하여 300만엔 일시교부가 필요하다.
간사장 복안
1. 재단의 이사에는 정부, 정당의 관계자는 절대로 배척한다.
2. 재단은 정치교육의 총본산이 될 의사가 없고 구성할 위험도 없다.
3. 현실문제에 대한 비판은 유력한 신문, 잡지의 일반적인 수준을 벗어나지 않는다.

교부금의 문제는 위에서 보았듯이 유연하다. 설립이유에서는 일시 교부금의 필요성을 설명하였지만 간사장 복안에는 기재되어 있지 않다. 그리고 재단이 정치교육의 총본산으로서의 성격을 포기할 수도 있다는 뜻도 내 비추었다.

이것과 대비되어 현실 정치문제의 비판, 해설에 대한 기능부분과 재단 이사의 성격에 대해서는 분명한 주장을 내놓고 있다. 이것의 의미는 제6회 간사회에서 정치교육단체의 추진주체에 대한 논의에서 분명히 드러난다.

> 우시오 케이노스케(潮惠之助) 간사장 : 관리가 이러한 종류의 일을 하는 것이 적절하지 않다는 설도 있는 것 같은데.
> 세키야간사 : 그것은 문제가 없지는 않지만, 이(관리 : 인용자주)를 제외하고 정당의 색채를 띤 자를 제외하고는 먼저 학자 정도의 사람이 되겠지만 학자라도 부적절할 것이다.[28]

간사회는 정치교육단체의 주체는 역시 관료가 될 것이라고 생각하고 있었다. 현직 관료를 의미한다기보다는 퇴직관료를 비롯한 관료의 의식을 반영할 수 있는 사람을 재단의 이사로 포진시켜 영향력을 행사하려는 의도를 살펴볼 수 있다.

7월 30일 제4회 제2특별위원회에서 우시오 간사장은 위의 간사회 작성 의견서에 기초해서 철저한 정치교육을 위해 기성단체의 조성만이 아니라 유력한 정치교육을 목적으로 하는 단체의 설립을 주장하였다. 우시오는 단체의 정부와 정당을 위한 활동을 배제하고, 단체의 독립적인 성격유지를 위해 일시 보조금에 의해 설립할 것을 주장하였다. 그러나 설립되는 단체를 정치교육의 총본산으로 하는 것에 대해서는 주장하지 않았다. 간사회에서는 단체 설립을 위해 총본산의 주장을 포기하였다. 한편 야마자키위원은 단체의 성격변경이냐고 공격하였고, 또한 기성단체의 조성도 있는데 새로운 단체의 설립이 재정상 가능하겠냐고 공격의 고비를 늦추지 않았다. 결국 '(셋째)사회교육에 관한 것'은 각자 연구하기로 하고 결정을 유보하였다.[29]

9월 17일 제5회 제2특별위원회에서는 먼저 '(셋째)사회교육에 관한 것'의 '2. 정치교육과 밀접한 관계가 있는 기성단체의 조성'에서 기성단체 외에 새로운 단체를 조성하기 위해서 '기성'이라는 단어가 빠졌다. 그 다음 정치교육단체에 관해서는 회의를 중단하고 기록하지 않는 간담회를

---

28) 『幹事會議事錄 第六回幹事會記錄』, 1930년 7월 21일.
29) 『衆議院議員選擧革正審議會 第二特別委員會第四回特別委員會議事錄』, 1930년 7월 30일, (JACAR Ref.A05021121100, 國立公文書館)).

열어 의견의 조율이 시도되었다.

간담회가 끝나고 나서도 계속해서 정치교육의 내용에 대해서 논의가 진행되었다. 우시오간사장은 정치교육을 목적으로 하는 단체의 사업의 하나로서 '선거도덕의 문제는 물론 가장 힘을 기울일 것이고, 동시에 시사문제에 대한 설명을 더하여, 비판도 할 수도 있을 것이다. 그렇지만 사실을 알리는 것을 중심으로 하는 것은 당연하다'라며, 선거도덕의 교육과 시사문제의 비판도 할 것을 주장하였다.

이에 대하여 두 가지의 의견이 나왔다. 하나는 나카가와 켄죠(中川健藏 : 문부차관) 위원의 의견으로, 선거혁정의 목적은 공덕(사회생활 도덕)의 지도가 중심이 비판이 있어도 지장이 없다는 견해를 제시하였다. 또 다른 견해는 이치노미야 보지로(一宮房二郎 : 내무참여관)위원의 의견으로, 공덕상의 지도를 중심으로 하고 정책 비판은 인정해서는 안 된다는 의견이었다.30) 선거와 관련된 도덕 문제에 중점을 두어야 한다는 것에는 인식을 같이하고 있으나, 현실 정책비판은 부차적·부수적인 것으로 논의가 진행되었다고 생각된다.

결국 9월 25일 제6회 제2특별위원회에서 간사회의 수정안이 통과되어 본회의에 상정되기에 이르렀다. 주요한 내용의 변화는 다음과 같다.31)

---

30) 『第二特別委員會 第五回特別委員會速記錄』 1-4쪽 ; 『衆議院議員選擧革正審議會 第二特別委員會第五回特別委員會議事錄』, 1930년 9월 17일, (JACAR Ref.A05021121100, 國立公文書館).

31) 「政治敎育ノ普及徹底ヲ図ル爲實施セムトスル事項大要」, 『衆議院議員選擧革正審議會 第二特別委員會 第六回特別委員會議事錄』의 첨부자료, 1930년 9월 25일, (JACAR Ref.A05021121100, 國立公文書館).

> **(셋째) 사회교육에 관한 것-상정안**
>
> 1. 정치교육을 목적으로 하는 단체의 설립
>   국고에서 보조금 300만엔을 일시(一時)로 교부받아 재단법인을 설립하고, 단지 보조금의 이자뿐 만 아니라 그 원금의 일부도 점차 사용하여 사업을 경영하게 할 것.
>
> **(셋째) 사회교육에 관한 것-수정안**
>
> 1. 선거혁정을 주안(主眼)으로 하는 단체의 설립
>   선거혁정을 주안으로 하는 유력한 민간단체의 설립을 촉구하고, 정부는 국고보조금으로 교부하는 등의 방법에 의해 이를 조성하도록 할 것.

첫 번째는 중점이 정치교육에서 선거혁정으로 되었다는 것, 두 번째는 국고로부터의 보조금 300만엔을 일시 교부한다는 항목이 없어진 것이다. 정치교육단체는 원래의 취지에서 후퇴하여 선거혁정에 중심을 둔 민간단체설립을 촉구하는 정도이며, 재원의 규모도 정확히 명시하지 않아 상당히 구체성이 결여된 단체설립계획이 되었다. '정치교육'이라는 포괄적인 내용은 현실정치에 대한 개입의 여지가 있기 때문에 '선거혁정'으로 목적을 분명히 했다.

10월 31일 제4회 심의회총회에서는 제2특별위원회에서 결정된 안이 논의되었다. 특히 미노베 다즈키치(美濃部達吉)위원과 나카가와위원의 논쟁은 정치교육단체의 성격과 향후 변용을 분명히 드러내주고 있다.

미노베는 먼저 정치교육의 개념을 문제 삼았다. 그는 정치교육에 대하여 '정치의 근본사상이라는 것에 대해서는 의견이 상당히 나뉘어져 있습니다. 이것을 문부성에서 통일시킨다는 것은 불가능한 것으로, 사상의 통일을 꾀하고자 해도 그것은 불가능한 일입니다'라고 근본적인 문제를 제기하였다. 이것에 대하여 나카가와는 문부성이 취급하는 정치교육은 '이른바 시중에서 말하는 정치교육'이라는 것으로 이해한다고 애매하게 대답하였다.32) 정치교육의 주무기관이라고 할 수 있는 문부성에서 정치교육에 대해 정리된 입장을 가지고 있지 않았던 것이었다.

다음으로 미노베는 선거혁정을 주안으로 하는 민간단체의 성격에 대하여 '(선거혁정을 주안으로 하는 민간단체는 : 인용자주) 정치단체, 정치운동을 하는 단체를 가리키는 것이 된다. 때문에 선거혁정이라는 것을 주안으로 하지만 일종의 정치단체, 즉 정당이기 되기 때문에 정당에 정부가, (중략) 보조금을 주는 것'이 된다고 비난하였다.33) 이에 대하여 나카가와는 정치교육을 목적으로 하는 단체가 각 정당의 정책을 비판 한다면 정당의 정향을 가지는 것은 틀림없지만, 선거 혁정, 선거에 수반하는 폐해 제거가 제1 목적인 단체가 정치결사인지 여부는 의문이며, 정책론을 다루는 것이 아니기 때문에 소위 정당은 되지 않는다고 답변하였다.34) 미노베는 정치교육단체의 정치적 성격을 분명히 밝혔다. 이에 대하여 나카가와는 현실에서 정치교육단체는 선거혁정을 담당할 뿐 정당은 될 수 없다고 답변하였다.

미노베는 정치교육단체의 목적이 선거혁정이라면 이것은 정치단체, 정당을 억누르는 것이기 때문에 정치결사이며, '정치혁정운동'을 하는 단

---

32) 『第四回衆議院議員選擧革正審議會總會議事速記錄』, 1931년 10월 31일, 42-45쪽, (JACAR Ref. A05021120700, 國立公文書館).
33) 위의 자료, 96-97쪽.
34) 위의 자료, 97-98쪽.

체라는 나카가와의 주장을 논박하였다. 나카가와는 정치교육단체는 '시사에 접해서 정치의 것을 언급하기 때문에 정치결사는 될 수 있다고 생각하지만', 목적은 학술단체와 같은 활동이라고 말하였다.[35] 나카가와는 물러서는 듯 하지만 미노베와 대립하고 있었다.

미베는 한발 더 나아가 정치교육단체의 정치화가 극단적인 양상으로 발전할 가능성까지도 언급하였다.

> 그 단체에서 후보자를 세우는 것은 금지할 작정입니까. 혹은 그러한 단체가 스스로 후보자를 세워 선거운동을 하는 것도 지장이 없다고 할 작정입니까, 만약 선거혁정을 목적으로 하는 단체가 스스로 후보자를 세워 운동을 한다면 훌륭한 정당이 됩니다만 (중략).[36]

미노베는 정치교육단체가 정당으로 후보자를 낼 가능성까지 언급하면서 정치교육단체 설립반대의 의견을 강렬히 개진하였다. 이에 대하여 나카가와는 간사회에서 이러한 안을 만든 목적에서 보자면 후보자를 세워 선거에 나가는 일은 있을 수 없다고 단언하였다.

여기에 세키위원이 민간단체라면 미노베의 생각대로 위험하지만, 우리는 교화단체, 교육단체, 선거혁정을 주안으로 하는 정치교육 단체로 이해했기 때문에 찬성했다고 하였다. 결국 정치교육단체에 대한 논의는 미노베의 전체 삭제론과 세키위원 등이 주장하는 교육·교화의 성격을 강조하

---

35) 위의 자료, 98-99쪽.
36) 위의 자료, 99쪽.

는 '유력한 민간단체'를 '민간교화단체'로 바꾸는 수정안으로 정리되었고, 수정안이 찬성다수로 통과되었다.[37]

미노베와 나카가와의 논쟁은 마치 현실을 모르는 학자와 현실적인 대안을 모색하는 관료의 대결로 보였다. 그러나 그 안에는 정치교육단체의 가능성과 문제점이 그대로 드러나 있었다. 위의 논쟁은 정치교육단체가 정치단체화될 가능성과 정치세력화된 단체가 정당과 같은 정치활동을 통해 세력을 확장할 가능성을 제기하였다.

이제 문제는 정치교육단체의 설립시기로 넘어간다. 그러나 1930년 11월 14일 하마구치수상이 동경역에서 저격을 당하고 중상을 입어, 정치는 다시금 표류하게 되었다. 정치교육단체의 설립은 선거혁정심의회의 답신안이 선거권확대의 문제로 정부와 추밀원이 대립하여 성립되지 못하였다. 정치교육단체의 설립문제는 그후 오카다 케이스케(岡田啓介) 내각에서 1935년 6월 18일 '선거숙정중앙연맹(選擧肅正中央連盟)'의 성립으로 실현되었다.

---

37) 위의 자료, 99-103쪽.

4 소결

　1920년대 후반 정당내각 하에서 정당정치의 신뢰회복을 위해 정치교육을 비롯한 선거숙정 방법이 논의되었다. 구체적으로 하마구치내각 하에서 선거혁정심의회가 만들어지고, 관료중심의 간사회가 심의회에서 논의할 안건을 마련하였다. 정치교육단체와 관련해서는 다자와 등의 관료출신이 주도하는 선거숙정동맹회의 의견을 받아들여 정치교육을 목적으로 하는 단체의 설립을 주장하기에 이른다. 정치교육운동이 단체의 설립으로 구체화되는 계기를 마련하게 된 것이다. 이러한 과정에서 관료들의 의견이 반영되었다는 것은 말할 필요도 없다.
　선거혁정심의회에서도 관료측은 정치교육단체가 정치적으로 활용될 것을 우려하는 야당의 공격으로, 정치교육의 총본산으로서의 성격과 정치로부터 독립적인 재원조달방법의 포기도 감수하면서 정치교육단체의 설립에 매진한다. 결국 심의회에서 미노베가 정치교육단체가 정치단체화될 가능성과 정치세력화된 단체가 정당과 같은 정치활동을 통해 세력을 확장할 가능성 제기하였음도 불구하고 정치교육단체 설립안은 일부 수정으로 통과된다.

1932년 5・15사건으로 정당내각시대가 끝나고 거국일치내각이 이어지면서 정당의 위상은 더욱 추락하고, 관료가 정치의 전면에 등장하는 상황이 도래한다. 결국 1935년 오카다내각 하의 고토내무대신의 주도로 내무성 지위계통 하에 선거숙정운동의 전국적인 조직체계가 정비되기 시작하였다. '선거숙정위원회령'의 칙령에 따라 전국 도부현에는 선거숙정위원회가 설치되고, 시정촌에는 시정촌숙정위원회가 설립되었다.

이것과 나란히 고토내무대신의 알선으로 다자와의 선거숙정동맹회가 중심이 되어, 민간 교화단체도 참여하는 간담회를 개최하였다. 간담회 결과 사이토 마코토(齋藤實)를 회장으로 하는 '선거숙정중앙연맹'이 결성되었다. 임원은 사이토 회장 이외에 상무이사에 호리키리 센지로(掘切善次郎)와 다자와가 취임하였다. 그 외 이사와 평의원에는 각계 저명인사와 퇴임 내무관료가 많이 참가하였다. 관료들이 중심이 되는 선거숙정단체의 완성이다.

선거숙정운동은 내무성 지도하에 선거숙정위원회와 선거숙정중앙연맹을 중심으로 전국적으로 각 지방자치단체단위로 행해지고, 전시 하에서는 국민동원의 원형을 만들어냈다. 그리고 1942년 익찬선거관철운동으로 해소되었다. 결국 선거숙정운동의 전개는 미노베가 우려하던 정치단체로 귀결되었다.

결론

  1925년 남자보통선거법은 보통선거의 주장이 나온 이래 성립까지 약 33년이라는 긴 시간이 걸렸다. 보통선거의 주장은 1892년 오이 겐타로(大井憲太郎)를 중심으로 하는 자유당 일부세력으로부터 시작되었다. 그 후 1897년 '보통선거기성동맹회'가 소수지식인에 의한 계몽운동으로서 보통선거운동을 전개하였다. 이때의 보통선거론은 국체를 기초로 해서 민권의 확장, 즉 보통선거를 통한 국민의 광범위한 정치 참여가 국권을 강화하는 힘이 된다는 것이었다.
  러일전쟁 후 도시상공업자들의 보통선거 지지에 의해 보통선거법안은 제27의회의 중의원을 통과했지만 귀족원에서 부결되었다. 중의원 통과는 커다란 사회적 반향을 불러일으키지 못하였다. 즉 보통선거문제는 국민의 지지를 받지 못하는 대중성을 결여한 것이었다. 한편 귀족원의 반대 이유는 아이러니하게도 이전 보통선거 지지의 논리가 원용되었다. 즉 이전에는 국체에 기초한 보통선거가 국권 강화의 수단으로 이해되었는데, 귀족원에서는 도리어 국민이 정치에 참여하는 보통선거의 주장이 천황의 통치권을 범하는 것으로 국체에 맞지 않는다는 것이었다.

민중의 정치적 역량은 제1차호헌운동에서 시작하여 제1차 세계대전과 러시아혁명, 쌀소동으로 급격하게 증대하였다. 이에 따라 민중의 보통선거요구도 높아졌다. 이를 이끈 것이 지식인의 언론활동이었다. 그들의 이론적 기초는 요시노 사쿠조(吉野作造)의 민본주의였다. 요시노의 민본주의는 국체와 국체의 운용을 분리해서, 운용의 수단으로써 보통선거를 채용하여 천황이 통치권을 가진다는 국체와 모순됨이 없이 군주 국체하에서도 국민의 권리로서 보통선거가 성립할 수 있다는 보통선거론을 제공하였다.

한편 아이러니하게도 정당에 기반한 하라내각이 선거권의 확대와 보통선거반대의 기치로 보통선거의 찬반을 정치쟁점화하여 중의원을 해산하고 총선거를 실시하여 대승리를 거두었다. 그 결과 지금까지 보통선거운동을 리더하는 '보통선거기성동맹회'와 사회주의 운동세력은 후퇴하였다. 대신 지금까지 보통선거에 소극적이었던 야당인 헌정회와 국민당이 보통선거운동의 주도권을 장악하였다. 야당은 민중의 보통선거 요구를 정책의 중심으로 끌어올렸다. 보통선거문제는 중요한 정치현안으로 정국의 향방을 결정하는 안건이 되었다.

한편 지배체제의 위기에 대응하여 특권세력도 보통선거를 인정하지 않을 수 없었다. 보통선거에 대한 수세적인 승인이었다. 이에 대해 특권세력 내에도 공세적이고 적극적인 보통선거 수용론이 등장하고 있었다. 그들은 군주지배의 전통적 통치원리인 '군민동치(君民同治)'에 기초하여

결론 173

　보통선거를 원로자의 주도권 하에서 국민의 권리보다는 책임과 의무로서 위치시켰다. 보통선거를 체제안정과 국민총동원의 유력한 수단으로 전화시키려고 하였다. 즉 국체를 강화하기 위한 국체에 기초한 보통선거론으로 정리된다. 이러한 보통선거 논의는 가토 도모사부로(加藤友三郎) 내각과 야마모토 내각 하에서 보통선거법 제정의 구체적인 논의 과정에 반영되었다.

　계속되는 특권세력에 의한 정권장악은 제2차호헌운동을 불러일으켰다. 그 결과 만들어진 호헌삼파내각은 보통선거 실현을 우선적인 정책과제로 상정하였다. 제50회 의회에서 중의원 보통선거법 논의는 유권자의 자격범위 문제와 보통선거법 단속강화의 문제로 대립하는 양상을 보였다. 민본주의에 기초한 보통선거론은 국민의 권리라는 입장에서 제한없는 보통선거를 주장하였고, 국체에 기초한 보통선거론은 국민의 정치능력의 정도에 따라 일정한 제한을 두는 보통선거를 주장하였다. 결국 선거권이 국민의 권리라는 입장이 우위를 차지하여 제한없는 보통선거를 원칙으로 하였지만, 국민의 정치능력이 부족하거나 의심스러운 20-24세의 청년과 1년 이상 안정적인 거주를 가지지 못하는 계절노동자 등은 제외되었다. 한편 선거 단속강화라는 측면에서도 이전의 가토·야마모토내각에 의해 만들어진 정당을 견제하기 위한 선거운동과 선거의 단속규정이 만들어지고 있었다. 중요한 것은 관료들에 의한 선거단속권이 강화되었다는 점이다.

　보통선거법은 민본주의에 기초한 국체의 해석을 통해 논리적 기초를 다졌다. 이것은 천황제 하에서 정당내각의 지배기반을 강화·확대하는 이론이 되었고, 실제 보통선거는 정당내각의 현실적이고 실제적인 힘의 기초가 되었다. 그러나 정당내각의 발밑에서 보통선거가 국가에 대한 책임과 의무이며, 국민을 통합하는 수단으로 이해하는 세력이 공존하였고, 정당내각의 발목을 잡을 준비를 하고 있었다.

정치교육운동은 보통선거법의 성립을 전후해서 시작되었다. 운동은 관료출신이 중심인 신일본동맹을 중심으로 전개되었다. 신일본동맹은 한편으로는 정계혁신을 위한 중립입후보운동을, 다른 한편으로는 선거숙정동맹회를 통해 선거숙정운동을 전개하였다. 정계혁신운동과 선거숙정운동은 분리된 것이 아니다. 결국 선거숙정운동은 정치운동의 일환이었다. 그러나 운동은 현실 정치의 벽을 넘지 못하고 실패로 끝났다.

다자와 요시하루는 정계혁신운동의 실패 원인을 정당정치의 부패에서 찾았다. 다자와는 현실 정당정치의 부패 다수당의 전횡과 그것을 지탱하는 정당정치의 구조에 기인한다고 파악하였다. 또한 다수당전횡의 원인이 지방자치체에서 벌어지는 정당의 다툼에 있다고 지적하였다.

이러한 문제에 대한 구체적인 대응책으로 다자와는 정치교육론에서 선거숙정을 이론화했다. 다자와는 지방자치체에서 정당의 다툼이 생기는 '지방정의 정당화'에 대하여 '지방행정의 실무화'를 주장했다.

'지방행정의 실무화'는 지방자치체에서 자치사무의 공공적 성격과 지방자치체 주민의 공동이익의 관점에 기초해서, 지방자치에서 정당의 당쟁을 배제하여 선거숙정을 달성하려는 것이었다.

한편 1920년대 후반 농촌 경제위기의 극복을 위해 다자와는 지방자치의 활용을 주장했다. 지방자치의 공공적 역할에 기초해서 '정촌의 참모본부'를 조직하며, '정촌의 참모본부'를 중심으로 주민의 공동이익을 추구하려 하였다. 지방자치의 공공적 역할은 주민의 합의를 근거로 지방자치체에서 정당의 대립을 배제하는 힘이 되었다.

이러한 과정을 거쳐 다자와는 일본의 독자적인 지방자치론을 주장하기에 이른다. 그의 '소국가주의'는 일본인의 국가우선의식에 기초한 행정중심의 지방자치론이다. 이 지방자치론은 정당정치 하에서 행정이 수행하는 지방자치체의 공공적 역할과 주민의 공동이익이라는 관점에서 지방자치체를 조직화함으로써, 지방자치를 정당정치로부터 분리시키는 이론적인 기초를 제공하였다. 이것은 정당정치의 부패에 대응하는 것에 그치지 않고, 정당내각의 기초를 무너뜨리는 것으로, 궁극적으로는 적극적인 관료주도의 국민조직화 가능성까지도 열어 놓았다.

한편 1920년대 후반 중앙정계에서 정당내각은 정당정치의 신뢰회복을 위해 정치교육을 비롯한 선거숙정 방법을 논의하였다. 구체적으로 하마구치내각 하에서 선거혁정심의회가 만들어지고 관료중심의 간사회가 심의회에서 논의할 안건을 마련하였다. 정치교육단체와 관련해서는 다자와 등의 관료출신이 주도하는 선거숙정동맹회의 의견을 받아들여 정치교육을 목적으로 하는 단체의 설립을 주장하기에 이른다.

선거혁정심의회에서는 정치교육단체가 정치적으로 활용될 것을 우려하는 공격에도 불구하고 정당내각은 정계신뢰 회복을 구체적인 성과로서 정치교육단체의 설립에 매진한다. 실제로 정치교육단체가 정치단체화될 가능성과 정치세력화된 단체가 정당과 같은 정치활동을 통해 세력을 확장할 가능성이 있음에도 불구하고 정치교육단체 설립안은 일부 수정으로 통과되었다.

　1932년 5·15사건으로 정당내각시대가 끝나고 거국일치내각이 이어지면서 정당의 위상은 더욱 추락하고, 관료가 정치의 전면에 등장하는 상황이 도래되었다. 결국 1935년 오카다내각 하의 고토 후미오 내무대신의 주도로 내무성 지위계통 하에 선거숙정운동의 전국적인 조직체계가 정비되기 시작하였다. '선거숙정위원회령'의 칙령에 따라 전국 도부현에 선거숙정위원회가 설치되고, 시정촌에는 시정촌숙정위원회가 설립되었다. 관료에 의한 정당정치의 통제가 가능하게 되었다.

　이와 함께 고토내무대신의 알선으로 다자와의 선거숙정동맹회가 중심이 되어, 민간 교화단체도 참여하는 간담회가 개최하였다. 간담회 결과 사이토 마코토(齋藤實)를 회장으로 하는「선거숙정중앙연맹」이 결성되었다. 임원은 사이토 회장 이외에 상무이사에 호리키리 센지로(掘切善次郎)와, 다자와가 취임하였다.

　선거숙정운동은 내무성 지도하에 선거숙정위원회와 선거숙정중앙연맹을 중심으로 전국적으로 각 지방자치단체 단위로 행해지고, 방법은 다자와의 지방자치론을 구체화하는 부락단위의 조직이 선거에서 정당배제를 실현하는 것이었다.

　보통선거에 관한 논의는 천황 통치의 국체를 유지하면서 정당내각이 출현할 수 있는 이론적 기초를 제공하였다. 또한 보통선거는 정당내각의 실제적인 권력의 토대이기도 하였다.

　그러나 정당정치에 반대하는 관료들은 정당부패를 매개로 정당 조직의 기초에 해당되는 지역사회에서 정당을 배제하는 논리를 만들고, 1920년대 후반 경제적 어려움을 해소하기 위하여 지역사회의 조직화에 적극 개입하였다. 이러한 지역사회의 조직화는 정당 세력의 약화를 가져왔다. 또한 1930년대 정당내각시대가 끝나면서 관료 주도하에 말단 지역사회는 정당배제의 조직화를 달성하고, 이는 연이은 전쟁 시기에 관료들에 의한 국민동원체제의 기초로 활용되었다.

보론

정당과 특권세력의 대결
- 조선문제를 둘러싸고 -

보론 정당과 특권세력의 대결   181

　식민지 조선은 통감부 시기의 이토 히로부미(伊藤博文)를 제외하고 육군에 의해 통제되고 있었다. 1910년대 후반 조선에 대한 육군 통제의 배후에는 육군대장으로 조선총독 하세가와, 전임총독이며 당시 내각총리대신 데라우치 마사다케(寺內正毅), 그리고 육군대신 다나카가 있다. 이들의 뒤에는 원로 야마가타 아리토모(山縣有朋)가 있으며, 그를 중심으로 야마가타벌(山縣閥)이 형성되어 있다.

　대정기(大正期)의 야마가타벌은 1897(明治 30)년을 전후하여 야마가타를 중심으로 '반정당(反政党)'을 목표로 만들어진 집단이다. 야마가타벌은 명치말기 궁중·육군·추밀원·귀족원·문관관료에 강한 기반을 구축하였고 중의원 일부에도 영향력을 가지게 되어 정계에서 가장 영향력 있는 정치집단이 되었다. 그 구성은 야마가타벌의 모든 사람들과 개인적인 연결을 가지고 뒤에서 여러 가지로 영향력을 행사하는 야마가타, 실제

수상후보로서 표면에 나서 야마가타벌 전체의 지지를 받는 가쓰라 타로(桂太郞), 각 정치기구에서 강한 영향력을 가지고 각 기구를 야마가타벌 지지로 이끄는 간부들, 그리고 이것과 연결된 야마가타계 인물로 구성되었다. 여기에서 간부들은 구체적으로 데라우치(육군), 와타나베 치아키(渡辺千秋 ; 궁중), 기요우라 게이코(淸浦奎吾 ; 추밀원과 귀족원), 히라타 도스케(平田東助 ; 귀족원과 문관관료), 오오우라 가네다케(大浦兼武 ; 귀족원과 문관관료) 등이다. 그러나 입헌정우회(立憲政友會, 이하 정우회) 중심의 하라 다카시(原敬) 내각기는 야마가타벌의 귀족원 지배가 붕괴되고 육군·궁중·추밀원에 대한 영향력이 상당히 약해져 가는 상황이었다.[1] 야마가타벌은 비선출세력의 결집체에 다름 아니었다.

   1919년 식민지조선의 지배체제는 3·1운동을 기점으로 무단통치에서 문화통치로 전환되었다. 이러한 정책전환은 말할 필요도 없이 식민지조선 민중의 3·1운동이 없었다면 일어날 수 없는 변화이다. 또한 이것은 일본 정치지형의 변화도 톱니와 같이 맞물려 있다는 점에서 주목할 필요가 있다. 야마가타벌을 비롯한 번벌세력의 정치적 후퇴와 정당세력의 정치적 주도권 장악이라는 과정과 식민지조선의 무단통치에서 문화통치로의 전환이 연결된 점도 없지 않다. 실제로 조선지배는 식민지 모국 일본의 정당세력과 비선출집단, 즉 야마가타벌의 대립과 타협의 정치과정 속에서 전개된다.

---

1) 季武嘉也, 『大正期の政治構造』, 吉川弘文館, 1999, 27~29쪽.

1 야마가타 아리토모(山縣有朋)와 하라 다카시(原敬)의 대결

 일본은 1918년 국내외적으로 커다란 변화가 있었다. 국제적으로는 1917년 러시아혁명의 영향과 제1차 세계대전의 결과로 형성된 전세계적인 민주주의의 분위기가 일본에도 영향을 미쳤다. 지금까지 일본과 동일한 체제를 가지고 있었던 러시아, 독일, 오스트리아의 군주제가 붕괴되고, 군주제에 대한 데모크라시체제의 우위가 세계적인 대세가 되었기 때문이다. 데모크라시의 풍조는 세계대전 후 일본 국내에도 영향을 미쳐 여러 가지 사회문제를 발생시켰으며 정치·사회에 개혁의 문제를 제기하였다. 국내적으로는 1918년 쌀소동 발발로 민중의 정치적 역량이 어느 때보다 증대되어 있었다. 이것은 제1차 세계대전을 통해서 성장한 일본국민에게 국가를 위하여 무조건적인 희생을 강요할 수 없는 상황에 도달했음을 의미하는 것이다.
 이 같은 사회적 분위기 속에 민중의 정치적 각성은 한층 심화되었다. 쌀소동은 이후 보통선거를 요구하는 민중운동의 확산 계기가 되었다. 그들은 쌀소동을 통해 만들어진 공간을 통해 선거권의 확장을 비롯해, 원로의 폐지, 육·해군대신 무관제 폐지, 정당내각제의 확립, 노동조합의 자유 등을 주장하였다.[2] 또한 조선총독부에 대한 개혁의 목소리는 제1차 세계대전 이전부터 있었다. 개혁의 요구는 행·재정 정리의 일환으로, 혹은 산업부르주아 중심의 경제적인 관점에서 제기되었으나 구체적으로

---

2) 井上淸·渡部徹 編著, 『米騷動の硏究』 卷5, 有斐閣, 1975, 200쪽.

실현되지는 못하였다.3)

　1918년 9월 29일 번벌세력 중심의 데라우치내각이 붕괴되고, 다수당의 대표인 하라 중심의 정당내각으로서 정우회내각이 조직되기에 이른다. 하라내각은 육군대신, 해군대신, 외무대신을 제외한 전 대신을 정우회원으로 임명하여 정당세력의 성장을 드러내 주었다.

　이에 앞서 9월 21일 데라우치는 사표를 제출하고, 27일에는 하라에게 조각명령이 내려졌다. 이 사이 24일에는 조선총독 하세가와 요시미치가 데라우치 앞으로 보내는 서간에서 건강상의 이유로 사직하고자 하는 뜻을 내비쳤다. 1916년 조선총독이었던 데라우치가 내각총리대신이 되면서 하세가와가 조선총독이 되었다. 정치가이며 군인인 데라우치와는 달리 하세가와는 정치에 민감하게 반응하지 않았던 군인으로 조선의 정세 변화를 반영한 정책을 시행하지 못하였다. 그렇기 때문에 데라우치의 억압정책을 그대로 계승하였다.4) 하세가와가 총독이 된 것은 조슈벌의 계승이라는 측면과 조선에 대한 육군지배의 연속성을 보여주는 것이다. 하세가와가 사직의 뜻을 비친 때가 데라우치가 내각총리대신에서 물러날 것이 확실시 되고 있는 시점이었다는 점에서 하라는 내각총리대신 취임이후 조선총독부에 대한 개혁을 단행할 토대를 가지게 되었다.

　1918년 10월 13일 조선총독부 정무총감 야마가타 이사부로(山縣伊三郎)가 하라와 회견하였다. 그 자리에서 야마가타 이사부로는 조선의 상황이

---

3) 李榮娘, 「第一次憲政擁護運動と朝鮮の官制改革論」, 『日本植民地研究』 3, 1990 참조.
4) 『日本統治下における朝鮮の法制』, 友邦시리즈 14호, 1969, 22~23쪽.

무관총독을 필요로 하지 않는다는 점과 하세가와도 머지않아 사직할 의사를 보이고 있다는 점을 알렸다. 또한 하세가와의 사직 후 자신이 후임의 조선총독이 되고 싶다는 뜻도 내비쳤다. 하라는 동의하지만 군인의 반대도 거세기 때문에 비밀로 하고 기회를 보아 제의하겠다고 하였다.[5]

11월에 들어서 하세가와 총독의 사임이 야마가타 아리토모와 다나카 육군대신 사이에 논의되어 사임하는 것으로 정리된 후 다나카는 하라와 이 문제를 가지고 논의하였다.

> 하사가와의 일은 은밀히 들은 바도 있다. 그때 내 생각에는 오늘날 정황으로는 조선(총독 ; 인용자주)에 언제까지나 무인으로 한정하는 것은 불가하다. 오히려 군정과 분리하여 국방의 지휘는 육군 직할로 하고, 총독은 무관이든 문관이든 가능한 것으로 개정하는 것이 좋을 것이다.[6]

이때 하라는 하세가와 사임을 계기로 조선총독부의 관제개혁을 이끌어 내려고 하였다. 조선에서의 군대통솔권과 행정권은 무관총독에 의해 일괄적으로 장악되어 있었다. 다나카는 군대통솔권은 육군이, 행정권은 총독이 차지하고, 총독은 문관이든 무관이든 관계없다는 태도를 보였다. 다나카는 데모크라시가 국내외의 대세가 되는 상황에서 일정한 양보를 하지 않을 수 없다는 것을 인정하고 있었다.

---

5) 原奎一郎, 『原敬日記』 卷4, 福村出版, 1965(이하 『原敬日記』), 1918년 10월 13일.
6) 『原敬日記』, 1918년 11월 23일.

육군은 조선을 포함한 식민지의 군사적 통치를 통하여 일본에서 강한 정치력을 행사하고 대륙정책을 위한 유력한 기반으로 활용하였다. 또한 육군은 동양척식주식회사 등의 식민지경제기관에 영향력을 행사하여 막대한 경제적 이권을 차지하였다. 하라는 이러한 정치력과 경제적 이권이 있는 식민지에서 정우회 세력을 확장하려고 하였다.[7] 하라는 다나카의 총독 문·무문 병용에 대하여 받아들이는 쪽으로 생각하고 있다. 그는 관제개혁 이후 야마가타 이사부로를 총독으로 세우려는 복안을 가지고 있기 때문이다. 이러한 복안은 야마가타 이사부로의 양부인 야마가타 아리토모가 야마가타 이사부로의 총독 임용에 동의해 줄 것이라는 계산이 있었기 때문이다.

12월 17일 하라는 정계의 흑막으로 활동하고 있는 미우라 고로(三浦悟郞)와 면담하였다. 미우라는 야마가타 아리토모와 면담하여 조선총독에 문관·무관, 어느 쪽이든 임용할 수 있도록 설득하였다. 야마가타 아미토모는 처음에는 동의하지 않았지만 야마가타 이사부로를 후임 조선총독으로 하는 것에는 동의하였다.[8] 야마가타 이사부로의 조선총독 임용을 매개로 야마가타 아리토모에게 조선총독 문무관 병용 관제개혁을 인정하게

---

7) 今井淸一, 「大正期における軍部の政治的地位」, 『思想』 399·402호, 1957, 130쪽.

8) 『原敬日記』, 大正7年12月17日, 야마가타 아리토모가 조선총독 문무관 병용에 동의하였는지를 둘러싸고 이정룡은 그의 연구에서 관제개정의 경위를 생각해 본다면 이것은 미우라의 야마가타에 대한 자기해석에 지나지 않는다고 보고 있다 (李正龍, 「原內閣における植民地官制改正問題―朝鮮總督府を中心に―」, 『慶應義塾大學大學院法學硏究科論文集』 26호, 1987, 193쪽 주32).

한 것이다.

1919년 1월 15일 다나카는 하라와 회견하여 조선총독 문무관 병용 건의 실현에 지장이 없도록 자기가 발의하여 결행할 것이라고 하였다. 그리고 하라는 다소 시일이 걸리더라도 육군 내에서 내부적인 방해가 없도록 육군 내에서 사전에 합의해 줄 것을 부탁하는 것으로 회답했다.9) 하라는 조선총독 문무관 병용의 가장 큰 문제가 육군의 동의라는 것을 알고 있었기 때문에 다나카의 주도성을 인정하였다.

다나카는 육군 내에서도 '번벌적 행동원리에서 상대적으로 자유로운 전문적 군사관료'10)로 인식되고 있다. 그는 육군 내의 다른 번벌세력과는 달리 대정초기부터 재향군인회를 통해 국민의 조직화·세력화를 꾀하였다. 또한 다나카는 정계 진출에도 적극적이었기 때문에 장래의 수상후보 감으로 인정받고 있었다.11) 다나카는 국내외 사회정세의 변화 위에 하라와의 원만한 관계와 뛰어난 정치 감각을 기반으로 육군을 설득할 수 있다는 자신감을 보였다.

당시 조선총독부를 비롯한 일본당국자는 1919년 3·1운동의 발발을 전혀 예상하지 못하였다. 총독부는 운동을 일으킨 조선인들이 요구하는 독립을 허용할 생각은 없었고, 운동을 철저히 탄압하였다. 한편 하라내각은 조선 사태에 대한 국내외의 비판이 높아감에 따라 조선통치의 개혁을 위해 적극 움직이기 시작했다.

---

9) 『原敬日記』, 1919년 1월 15일.
10) 小林道彦, 「世界大戰と大陸政策の変容」, 『歷史學研究』 656, 1994, 1쪽.
11) 季武嘉也, 『大正期の政治構造』, 吉川弘文館, 1999, 362쪽.

3월 29일 조선 사태가 진정되지 않은 상황이었지만 정무총감 야마가타 이사부로는 동경에 돌아와 하라에게 상황을 보고하였다. 하라는 운동의 발발에 대해 전혀 예상하지 못한 것은 하세가와의 실책이라고 말하였다. 또한 야마가타 이사부로는 조선으로 돌아가는 길에 야마가타 아리토모를 만나, 운동의 발발은 조선에서 무관제도가 더 이상 시대에 맞지 않는다는 점을 설명하고자 하였다.12) 야마가타 이사부로는 조선 사태에 대하여 무관총독 하세가와의 책임을 명확히 하였다. 3·1운동을 계기로 야마가타 이사부로는 1918년 10월에 하라와 논의한 대로 야마가타 아리토모에게도 조선총독 문무관 병용과 자신의 조선총독 취임공작을 시작하였다.

야마가타 이사부로는 조선으로 돌아가기 전 4월 13일 회견에서 이후의 통치방침에 대하여 현 사태의 진정 후 대책까지 포함하여 스스로 상당히 준비하고 있다고 말하였다.13) 야마가타가 상황의 진정 이후를 준비한다는 것은 자신의 조선총독 취임을 시야에 넣고 움직이고 있다는 것이다. 한편 서울의 하세가와총독도 4월 16일 기자회견에서 이후의 조선 통치는 어려움은 있지만, 수완 있는 문관 대정치가를 기다리는 것도 좋을 것이라고 기자들에게 말하고 있다.14) 조선총독부 수뇌는 이후 관제개혁을 통해 총독 문무관 병용으로 가야 할 것에 이견이 없었다.

5월 초 하세가와총독이 사직서를 제출하였고, 처리가 유보되었다. 이유

---

12) 『原敬日記』, 1919년 3월 29일.
13) 「朝鮮騷擾の原因及善後―山縣政務總監車中談」, 『東京朝日新聞』, 1919년 4월 13일.
14) 「長谷川朝鮮總督暴動に就て語る」, 『東京朝日新聞』, 1919년 4월 17일.

는 사태 수습과 선후처리를 위해서이며, 관제개혁의 때에 맞추어 경질하려고 하였다. 이는 관제개혁이 잘 이루어지고 있지 않기 때문이기도 하다.15) 하세가와의 사직서 제출로 조선총독부 관제개혁의 문제가 본격적으로 논의되기에 이르렀다.

5월 18일 하라는 조선 정보제공자인 송병준을 만나 조선의 정황과 총독임용의 문제에 대한 동향을 들었다. 송병준은 3·1운동의 원인에 대하여 여러 가지 차별과 헌병에 의한 압정 등 총독정치의 실정(失政)으로 원성이 높아지고 있다는 점을 지적했다. 또한 이번 사태는 야마가타 이사부로 정무총감에게도 책임이 있기 때문에 그는 후임 총독에 적당하지 않다는 점도 말하고 있다.16) 3·1운동의 책임이 하세가와 총독에 그치지 않고 야마가타 정무총감에게까지 미칠 가능성이 높아졌다.

한편 3·1운동에 일본에서 군대를 파견하면서 치안문제로 문관총독 임용 반대가 육군 내에서 높아지고 있었다. 결국 육군 내에서도 의견의 조율이 제대로 이루어지지 않게 되어 다나카는 야마가타 아리토모를 방문하여 조선 문제를 협의했다. 야마가타는 조선총독 문관제 및 야마가타 이사부로의 후임총독 취임을 모두 반대했다.17) 이것은 야마가타 정무총감의 조선 문제에 대한 책임을 인정하는 것이고, 한편으로는 육군내의 여론도 무시할 수 없다는 것을 반영하는 것이다. 야마가타 아리토모는 야마가타 이사부로를 후임총독으로 염두에 두었을 때에는 조선총독이

---

15) 田中義一伝記刊行會, 『田中義一伝記』 卷下, 1960, 163쪽.
16) 『原敬日記』, 1919년 5월 18일.
17) 『原敬日記』, 1919년 5월 23일.

문관의 자리가 될 것으로 생각했지만, 야마가타 이사부로가 후임총독으로 되지 못하는 상황에서 육군의 반대도 더하여 조선총독 문관임용에 반대하였던 것이다.

5월 23일 각의 후 다나카는 하라에게 야마가타의 의향을 전달하고, 문관 조선총독에 대한 반대를 명백히 하고 있는 데라우치에게는 상담하지 않았다는 점도 밝히고 있다. 다나카는 반대하는 야마가타와의 타협점을 모색하려고 먼저 하라와 협의하였다.

> 다나카의 안으로는 육군내부의 반대도 있어서 뜻한 대로 되지 않을 것이므로 제도는 문무관 어느 쪽으로도 가능한 것으로 바꾸어, 해군대장 사이토 마고토를 추천하기로 했다고 하며 나의 양해를 구했다.[18]

하라의 조선개혁 구상은 야마가타 이사부로를 중심에 놓고 이루어졌었다. 총독의 문무관 병용 관제개혁과 야마가타 이사부로 문관총독을 달성하여 실제적인 총독 문관제로 나아가려는 구상이었다. 그러나 야마가타 아리토모는 야미가타 이사부로 총독안과 조선총독 문관을 반대하였다. 다나카의 안은 총독의 문무관 병용과 총독을 육군이 아닌 해군, 그리고 퇴역장군에서 구했다는 것이다. 사이토는 이러한 기준에 적합한 사람이다.

일반사회의 여론 때문에 육군의 무관총독 실현이 어려운 상황에서 다나카의 중재안은 총독의 문무관 병용 관제개혁을 수용하면서, 야마가타의

---

18) 『原敬日記』, 1919년 5월 23일.

반대를 배려하여 육군은 아니지만 해군을 조선총독후보로 올림으로 육군을 포함한 군부의 틀 내에서 조선총독자리를 유지하려는 것이다. 한편 하라의 입장에서는 조선총독을 현역이 아닌 퇴역장군으로, 지금까지 조선과 아무런 연고를 가지고 있지 않은 해군출신을 총독으로 임용하여 자기의 정치력이 조선에 미칠 여지를 남겨놓았다.

이러한 다나카의 중재안에 대하여 하라는 동의를 표했다.19) 그 이유는 사이토의 정치적 위치 때문이라고 유추할 수 있다. 사이토는 제1차 야마모토내각에서 해군대신을 역임한 후 관직에 있지 않았고, 1919년 당시 농사를 짓기 위해 홋가이도로 이주를 준비하고 있었다.20) 사이토가 조선의 무관총독이 된다고 하더라도, 육군이 아닌 해군을 기반으로 하고 있었기 때문에 육군을 기반으로 하는 조선총독부에서 강력한 무관총독으로서의 정치적 위상과 역할은 가지지 못할 것으로 보여졌다.

하라의 동의를 얻어 다나카는 야마가타에게 구체적인 방안을 논의했다. 문무가 뒤섞인 행정체계에서는 효율적인 통치가 어렵다는 점, 육군으로부터 후임 조선총독을 내는 것이 곤란하기 때문에 해군에게 넘기는 것이 상책이라는 점, 그리고 해군에서는 사이토가 적당하는 점, 사이토에 대해서는 여러 방면에서 긍정적으로 보고 있으며 하라와도 협의했다는 점을 보고했다.21)

---

19) 『原敬日記』, 1919년 5월 25일.
20) 齋藤子爵記念會 編, 『子爵齋藤實伝』 卷2, 351~352쪽.
21) 山縣有朋宛田中義一書簡(日時不明), 『山縣有朋關係文書』(國立國會図書館憲政資料室) 29冊, 93~102쪽, 재인용 ; 長田彰文, 『日本の朝鮮統治と國際關係』, 平凡社, 2005, 257쪽.

다나카는 6월 초순 야마가타와 회견하여 조선총독 문무관 병용제 및 사이토 기용에 대한 동의를 얻었다. 6월 10일 야마가타와 하라가 협의, 조선에 상당한 개혁이 필요하다는 것에 대해서는 인식을 같이하였다. 조선에서의 자치는 일본에서의 부현제, 시정촌제와 같은 자치를 허용할 방침이라고 하라가 주장, 야마가타도 동의하였다. 또한 야마가타 아리토모가 야마가타 이사부로를 언급하고 하라는 동정을 표시했다. 같은 날 하라는 다나카에게 야마가타와의 회견내용을 전달하였다. 이에 대하여 다나카는 헌병제도를 보통경찰제도로 바꿀 것 등의 개혁을 제의할 작정이며, 관제개혁에 대해서는 은밀히 하라의 심복인 법제국장관 요고타 센노스케(橫田千之助)에게 상담할 작정이라고 말하였다.22) 하라와 야마가타 아리토모는 조선개혁의 필요성을 공유했고, 기본방향은 일부에서 논의되고 있던 조선의 완전한 자치가 아닌 일본의 내지와 같은 자치의 실현이었다. 조선총독부 관제개혁의 각의 안은 다나카와 요고타 법제국장관의 주도로 만들었다고 추정된다.

　다나카는 조선총독부 관제개혁안에 대하여 야마가타 아리토모에게는 동의를 받았지만 야마가타 다음의 위치를 차지하는 데라우치에게는 연락을 취하지 않았다. 다나카는 데라우치가 조선총독을 오랫동안 역임하였기 때문에 조선의 개혁에 대하여 동의하지 않을 것이라고 생각했다. 그러나 상의하지 않을 수 없었기 때문에 다나카는 야마가타에게 상의하였다. 그는 데라우치에게 상담하지 않을 수는 없지만 반대하여도 단행해야 한다

---

22) 『原敬日記』, 1919년 6월 10일.

고 말하고 있다.23) 다나카는 야마가타벌 최고실력자 야마가타와의 의견 교환을 중시하고 있다.

데라우치는 조선문제에 관한 야마가타벌 내부의 의사결정과정에서 소외되고 있었다. 이것은 이시기 야마가타와 데라우치와의 관계 속에서 원인을 찾을 수 있을 것이다. 야마가타 아리토모와 데라우치의 충돌은 데라우치 내각기에 이미 구체화되었다. 야마가타는 데라우치가 1916년 조각 직후부터 긴밀히 연락을 취하지 않은 점, 또한 그의 의견에 종종 따르지 않은 것에 강한 불만을 가지고 있었다. 1918년 4월 데라우치는 병으로 물러나는 모토노 이치로(本野一郎) 외무대신의 후임으로 고토 신페이(後藤新平) 내무대신을 기용하려고 하였다. 야마가타에게 양해를 구하면서 이번 인사가 되지 않으면 사직하겠다고 하였다. 결국 야마가타도 동의하였다. 이후 야마가타는 후임 내무대신에 자기의 최측근인 덴 겐지로(田健次郎) 체신대신이 되기를 기대하였지만, 데라우치는 미즈노 렌타로(水野錬太郞)를 내무대신으로 임명하였다. 야마가타는 이것에 대하여 불만을 표시하였다. 한편 1918년 7월에 야마가타는 군비확장의 필요성에 따라 데라우치에게 오오시마 겐이치(大島健一) 육군대신과 쇼다 카즈에(勝田主計) 대장대신의 경질을 요청했다. 이에 대해 데라우치는 그렇다면 자기는 사직하겠다고 말하여, 야마가타는 어쩔 수 없이 요청을 철회하였다. 야마가타는 데라우치에게 매우 실망하게 되었고, 자신의 측근인 마쓰모토 쯔요시(松本剛吉)에게 오오쿠마는 사직을 하지 않아 곤란했는데, 데라우치

---

23) 『原敬日記』, 1919년 6월 10일.

는 습관적으로 사직하겠다고 해서 곤란하다고 말하고 있다.24) 야마가타에 대한 데라우치의 독자적인 움직임이, 야마가타가 조선문제에서 데라우치를 배제하려는 배경으로 작용했다고 생각된다. 이러한 배경에서 본다면 조선문제에 대하여 다나카가 데라우치에게 상의는 하였지만, 데라우치가 의사결정에 영향력을 미쳤다고 볼 수 없다.

1919년 6월 13일 각의 전에 다나카는 하라와의 회견에서 후임 조선총독으로 사이토의 내락을 얻은 것과 총독의 다음 자리인 정무총감의 후임으로 오랫동안 내무관료를 지낸 미즈노 렌타로를 생각하고 있다는 것을 말하였다. 각의에서 다나카는 조선과 대만의 총독문무관제의 개정, 조선의 변경(邊境)·불온한 지역 이외에서 헌병경찰제도의 보통경찰로의 전환을 제의하고, 다른 각료의 찬성을 얻었다.25) 조선총독부의 관제개혁이 본격적인 궤도에 오르게 되었고, 한편으로는 조선총독부 후계진용의 골격이 갖추어지게 되었다. 총독인사문제와 관제개혁문제는 서로 연동되어 진행되고 있다는 점을 보여주고 있다.

야마가타, 하라, 다나카가 합의한 내용을 기초로 다나카와 요코다 법제국장관이 정부 측 관제개혁안을 만들었다. 6월 24일 관제개혁안이 각의에서 결정되고, 곧이어 추밀원으로 송부되었다. 추밀원으로 넘어간 관제안은 특별위원회를 구성하여 구체적으로 심의되었다.

하세가와 조선총독의 후임인사로 사이토 마고토가 결정되기에는 복잡

---

24) 岡義武, 「山縣有朋―明治日本の象徵」, 『岡義武著作集』 卷5, 岩波書店, 1993, 125쪽.
25) 『原敬日記』, 1919년 6월 13일.

보론 정당과 특권세력의 대결 195

한 정치과정을 거치게 되었다. 이 과정은 일본 국내 정세의 향배와, 3·1운동의 책임문제, 야마가타와 육군의 이해관계, 그리고 하라의 정치구도 등 다양한 정치과정이 상호 영향을 미치면서 사이토 마고토 총독을 만들어냈다.

야마가타와 하라는 사이토 조선총독 인사에 대하여 서로 다른 이유로 동의하였기 때문에 총독인사만으로는 조선개혁의 주도권이 어느 쪽으로 기울었는지를 명확히 할 수가 없다. 사이토 총독인사와 연동되어 진행된 조선총독부 관제개혁이야말로 두 세력의 관계를 좀 더 명확히 드러내 주는 문제가 될 수 있을 것이다.

2 추밀원과 정당내각의 대립

조선총독부 관제는 추밀원의 심의를 거쳐 천황의 칙령으로 결정된다. 때문에 천황의 자문기관인 추밀원은 조선총독부관제 개혁을 위한 중요한 관문이다. 추밀원의 의장은 야마가타 아리토모이고, 부의장은 그의 직계인 기요우라 게이고(淸浦奎吾)가 자리하고 있다. 야마가타는 추밀원에 강한 영향력을 지니고 있었다.

내각에서 만들어진 조선총독부 관제개혁안은 추밀원에서 위원회를 조직하여 1919년 7월 14일부터 8월 4일까지 여덟 차례 심의하였다. 이어 8월 8일 추밀원 전체회의에서 전원일치로 가결하였다.[26]

원래 식민지 조선의 총독부는 천황을 정점으로 하는 명치헌법 틀 내에서 독립적인 성격을 지니고 있다. 이것은 조선총독부 관제를 규정한 칙령에 명백히 드러난다.

> 제2조 총독은 친임(親任)으로 하고 육해군 대장으로 충원한다.
> 제3조 총독은 천황에 직예(直隷)하며 위임의 범위 내에서 육해군을 통솔하고 또 조선방비의 일을 관장한다. 총독은 제반의 정무를 통할(統轄)하고 내각총리대신을 경유하여 상주하고 재가를 받는다.
> 제4조 총독은 그 직권 또는 특별한 위임에 의하여 조선총독부령을 발포한다.[27]

---

26) 「樞密院會議筆記」, 1919년 8월 8일, 『樞密院會議議事錄』 21, 252~274쪽.

관제에 따르면 조선은 군부가 장악하게 되어 있다. 실제로는 육군이 장악하고 육군출신의 총독은 군통수권과 통치권, 입법권을 가졌다. 이러한 규정은 총독이 천황에게만 책임을 지는 명치헌법에 기초하고 있다. 명치헌법에서 중의원·귀족원·추밀원·육해군이 각각 독립적으로 경합의 구조를 가지고 있다.[28] 조선총독부는 육군의 영향 하에 내각으로부터 독립적으로 운영되고 있었다.

하라와 야마가타 아리토모가 합의한 것은 사이토 총독임용과 총독의 문무관 병용이었다. 그러나 더 이상의 구체적인 내용에 대한 논의는 이루어지고 있지 않았다. 하라의 조선총독관제개혁의 목표는 총독을 내각의 감독 하에 두는 것이다. 한편 야마가타와 육군은 무관총독 임용의 유지와 조선에서 육군의 영향력을 보존하는 것에 주안점을 두었다. 육군대신 다나카와 하라의 심복인 법제국장관 요코다가 제작하여 내각에서 제출한 조선총독부 관제개혁안은 이러한 두 가지 성격을 모두 반영하고 있다.

> 제2조 총독은 친임(親任)으로 한다. 내각총리대신의 감독을 받아 제반 정무를 통리(統理)한다.
> 제3조 1항 총독은 안녕질서의 보지(保持)를 위해 필요가 있을 때에는 조선의 육해군 사령군에게 병력 사용을 청구할 수 있다.
> 제3조 2항 총독이 육해군 무관일 경우에는 위임의 범위 내에서 육해군을 통솔하고 또한 조선방비의 일을 담당한다.[29]

---

27) 『勅令』 354호, 1910.
28) 季武嘉也, 앞의 책, 20쪽.
29) 「朝鮮總督府官制改正の件(「御下附案」綴)」, 國立公文書館所藏 樞密院文書.

정부 원안(原案)에는 문관 총독의 가능성과 조선총독에 대한 내각총리대신의 감독권을 명기되어 있었다. 또한 무관총독이 탄생할 경우에만 육해군의 군대통솔권을 지니는 것으로 되어있다. 하라의 정우회내각에 의한 조선총독부 지배와 육군의 조선지배의 유지라는 두 가지 대립되는 측면이 동시에 존재하는 양상이다. 이와 같은 두 가지 문제는 추밀원에서 논의되어 수정되었다. 먼저 조선총독에 대한 내각총리대신의 감독권에 대해서는 추밀원의 수정안을 살펴보면 다음과 같다.

제2조 총독은 친임(親任)으로 한다.
제3조 총독은 제반 정무를 통할(統轄)하고 내각총리대신을 경유하여 상주하고 재가를 받는다.[30]

총독의 문무관 병용은 유지되었지만 총독에 대한 내각총리대신의 감독권이 삭제되었고 내각총리대신의 상주경유권이 명기되었다. 내각총리대신이 감독권을 인정받지 못하고 상주권만 인정받은 것은 결국 내각총리대신은 조선총독과 천황과의 연결기관으로서의 지위에만 그치는 것으로 해석된다. 내각총리대신의 조선에 대한 지휘감독권을 인정하지 못한 것으로 이해할 수 있다.[31]

그러나 조선총독부 관제개혁안에 대한 추밀원의 심사보고는 내각총리

---

30) 「朝鮮總督府官制ノ件外七件」(樞密院審査報告), 1919년, (アジア歷史資料センター Ref. A03033377000).
31) 岡本眞希子, 「政党政治期における文官總督制―立憲政治と植民地統治の相剋」, 『日本植民地研究』 10, 1998, 2~5쪽.

대신의 감독권에 대하여 다시금 생각하게 하는 측면이 있다.

> 총독이 내각총리대신의 감독을 받는다는 조항을 만들지 않더라도, 헌법상 보필의 중책은 내각총리대신의 양어깨에 있다는 것은 털끝만큼도 의심하지 않는다. 그러나 원안 제2조의 후단을 삭제하여 수정안 제3조를 만든 것은 원안의 원래 뜻에 비춰 아무런 그 실질을 달리하는 바 없고, 다만 총독의 국내외에 대한 위망(威望)을 유지하기 위하여 스스로 그 체면을 지키는 것을 하는 것에 다름 아니다.[32]

내각총리대신이 헌법상의 보필 책임을 가지고 있다는 전제위에 내각총리대신의 감독권과 상주경유권은 같은 의미를 지니는 것으로 해석했다.[33] 조선에 대한 육군의 독점적인 권력이 무너지고 내각총리대신으로 대표되는 내각의 조선지배 가능성을 넓히게 되었다.

정부 원안의 제3조 2항에 있는 무관 총독의 군대통솔권은 하세가와총독의 후임으로 사이토 총독을 내정한 상황에서 총독의 문무관 병용을 무력화시키고 무관총독에 의한 조선지배를 지속시키려는 육군대신 다나카의 의도를 읽을 수 있다. 이것에 대하여 추밀원은 반대 의견을 분명히 했다.

---

32) 「朝鮮總督府官制ノ件外七件」(樞密院審査報告), 1919년, (アジア歴史資料センター Ref. A03033377000).

33) 永井和, 「樞密院と植民地をめぐる岡本眞希子の研究(2/3)」『倉富勇三郎文書を使った最近の植民地朝鮮關連研究(Web공표판)』, 2~3쪽.

> 만약 진정 총독의 통치를 위해 (총독이)군통수권을 가질 필요가 있다
> 면 반드시 이를 무관 총독으로 한정할 이유가 있겠는가. 만약 문관
> 총독에게 군통수권을 위임할 수 없다면 결국 총독을 무관에 한정하는
> 현 제도를 유지하는 것과 같다. (생략) 총독으로서 그 출신이 문관인가,
> 무관인가에 따라 직권의 일부를 달리하여 마치 총독이 두 종류로 설치
> 된 것과 같이 명시하는 것은 이치에 맞지 않다.[34]

추밀원은 조선총독이 문관이냐, 무관이냐에 따른 차이를 인정하는 것의 부당함을 지적하고 있다. 이것은 관제개혁의 원래 취지인 총독의 문무관 병용을 근본부터 다시 생각하게 하는 문제이다.

이러한 문제는 내각총리대신 하라와 육군대신 다나카도 알고 있었다. 하라를 방문한 자리에서 다나카는 추밀원 위원회가 조선총독부 관제개혁안 논의에서 무관총독일 경우에는 위임의 범위 안에서 육해군을 지휘한다는 항목을 삭제하려 한다는 것을 이미 들었다고 말하였다.[35] 다나카는 순순히 삭제에 응하고 있다. 다나카가 순순히 응한 것에는 나름의 이유가 있었다. 이유는 이 문제에 대하여 추밀원 부의장 기요우라가 하라와 상의하는 과정에서 드러났다.

> 나(하라 ; 인용자주)는 총독이 무관일 경우에는 병력·국방을 통괄하
> 는 것을 삭제하는 문제에, 가능한 수정에 동의하도록 육군대신과 상담
> 할 것이다. 육군대신은 은밀히 위와 같은 경우(총독이 무관일 경우에는

---

34) 『樞密院會議議事錄』 卷20, 1919년, 256쪽.
35) 『原敬日記』, 1919년 7월 19일.

병력·국방을 통괄하는 것 ; 인용자주)에는 군령(軍令)을 가지고 가능한 경우에는 동의해도 괜찮다고 말을 했지만 부재중이다. 또한 이 일은 은밀히 수정할 것을 (다나카에게 ; 인용자주)미리 말해 둔다면, 표면적으로는 육군대신과 상담했다고 답하는 수밖에 없다.[36]

관제로 무관총독의 경우 군대를 직접 통솔할 수 없지만 군령으로 조선 주둔 군대를 지휘할 수 있는 방법을 염두에 두고 있다. 이것에 대하여 다나카 육군대신도 동의하였다.[37] 추밀원에서도 제3조 2항이 수정되었다. 결국 문무관의 군대통솔권에서의 차이를 인정하지 않고 총독의 군대통솔권을 병력사용 청구권으로 변경하기에 이르렀다. 변경된 관제에는 '제3조의 2항 총독은 안녕질서의 보지(保持)를 위해 필요하다고 인정될 때는 조선에서 육해군 사령관에게 병력의 사용을 청구할 수 있다'고 개정하였다.

또한 추밀원은 군대통수권과 관련하여 무관총독이 군대통솔권이 없다면 무관의 막료를 둘 필요가 없다고 보았다. 그리하여 원래 총독부 관제 제21조에 있는 '총독부에 총독 부속 무관 2인과 전속부관 1인을 둔다'는 규정과, 개정 정부 원안의 제21조 '총독이 육해군 무관일 경우에는 총독부에 총독부 무관 2인과 전속부관 1인을 둔다'는 규정도 삭제되었다.

추밀원의 수정안에 대하여 하라도 동의하고 있다. 추밀원 위원회의 심의는 1919년 8월 4일 끝나고, 8월 8일 추밀원 본회의에서 추밀원의

---

36) 『原敬日記』, 1919년 7월 31일.
37) 『原敬日記』, 1919년 8월 1일.

개정안이 확정되었다. 8월 12일 관제개정에 따른 인사가 단행되었다. 사이토가 총독, 미즈노가 정무총감에로 임명되었다. 그리고 8월 20일 칙령 제386호로 공포되었다.

조선총독부 관제개혁안에 대한 추밀원의 논의는 두 가지 문제를 둘러싸고 논란이 있었다. 첫째는 내각총리대신의 조선총독에 대한 감독권의 문제이고, 둘째는 무관총독의 군대통솔권을 규정으로 남기는 문제였다.

조선총독부의 관제개혁과정에서 하라는 내각총리대신의 조선총독 감독권을 관철시키지 못했지만 상주경유권으로 일정정도의 감독효과가 있음을 인정받았다. 그러나 관제상에는 아무런 근거를 가지고 못하였다.

한편 육군은 총독을 문무관으로 병용할 경우 무관총독의 독자적인 군대통솔권을 인정받지 못했다. 그러나 군령으로 이를 보완할 수 있는 방법을 세우고 있었다. 더구나 사이토 총독의 인사가 관제개정 이전에 이루어진 관계로 사이토는 현역에 복귀하여 현역군인으로 무관총독이 되었다.

총독인사와 관제개혁이 이루어졌음에도 불구하고 기존의 야마가타벌과 육군의 조선지배는 그다지 변화가 없었고, 하라 내각총리대신은 식민지 조선에 대한 개혁에 영향력을 행사할 수 있는 방법을 가지지 못하였다.

내지연장주의를 분명히 밝히고 있는 것이다.

　같은 날 각의에 앞서 다나카는 하라에게 총독과 정무총감 임용건을 상의하였다. 총독으로 사이토 마고토를, 정무총감으로 미즈노 렌타로를 지목하고, 특히 미즈노에 대한 접촉은 하라가 맡기로 했다.[40] 각의 전 다나카가 정무총감자리에 미즈노를 추천하고, 하라가 각의에서 조선경영에 관해 발언한 것은 상당한 연관성을 가지고 있다. 내지연장주의를 실현할 수 있는 내지(일본)에서의 풍부한 행정경험을 가진 미즈노를 정무총감으로 염두에 두고 있었다고 볼 수 있다.

　한편 다나카가 무관출신의 사이토를 총독으로 지명하는 것에 대한 부담으로 정무총감은 하라와 가까운 미즈노를 추천하지 않을 수하는 없었을 것이다. 이러한 경과는 다나카가 하라에게 미즈노의 정무총감 취임의뢰를 부탁하는 것과, 하라와 미즈노의 특별한 관계에서 찾을 수 있다.

　하라와 미즈노의 관계는 내무성을 중심으로 형성되었다. 1892년 제국대학 법과대학을 졸업한 미즈노는 바로 내무성에 입성하였다. 제1차 사이온지내각 시기(1906년 1월~1908년 7월)에 하라는 내무대신으로 입각하였고 미즈노는 내무성에서 신사국장 겸 대신비서관으로 일하였다. 하라는 제국대학 출신의 젊은 관료들을 등용하여 야마가타벌에 대한 견제와 관료의 세대교체를 이루었다. 이때 실무적인 일을 담당한 사람이 미즈노였다. 이어서 제2차 사이온지내각(1911년 8월~1912년 12월)에서 미즈노는 하라 내무대신 하에서 내무성 토목국장과 지방국장을 맡았다. 미즈노는 하라의

---

40) 『原敬日記』, 1919년 6월 13일.

3 정당내각의 문화정치 기반구축

식민지 조선의 관제개혁이 시대의 대세임에도 불구하고 기존의 야마가타벌과 육군이 만들어 온 질서를 대신하는 새로운 질서의 창출은 쉽지 않았다. 이러한 상황에서 하라가 눈을 돌린 것은 부총독에 해당되며 총독부의 실질적인 행정책임자인 정무총감 자리이다.

하라 내각총리대신은 야마가타 아리토모와 조선총독부 관제개혁에 대해 합의한 후 1919년 6월 13일 각의에서 조선개혁의 방향성을 제시하고 있다.

"내가 대만·조선의 현제도 설정 연혁을 말하고, 현제도는 구미제국의 식민지를 모방한 것으로서 근본에서 잘못이 있다면 결국 내지와 같도록 하는 방침을 취하여 상당한 개혁을 해야 할 것"이라고 말하였다.[38]

하라의 식민지 조선에 대한 인식은 영국의 식민지 인도에 대한 그것과 달리 '내지연장주의'[39]로 규정되고 있다. 내지연장주의는 조선을 일본에 동화시키고자 하는 정책상의 인식을 말한다. 이러한 하라의 생각은 한일합방 이전부터 가지고 있던 생각이었다. 그는 데라우치를 이어 정권을 장악한 이후, 3·1운동으로 무단정치의 실패가 자명해지자 조선정책에서

---

38) 『原敬日記』, 1919년 6월 13일.
39) 春山明哲, 「近代日本の植民地統治と原敬」, 『日本植民地主義の政治的展開 1895~1934 －その統治体制と台湾の民族運動』, アジア政経學會, 1980 참조.

정당세력 확장을 위한 적극정책의 실제적인 담당 관료였다. 제2차 사이온지내각 말기에 미즈노는 하라의 추천으로 귀족원의원이 되었다. 제1차 호헌운동 직후 제1차 야마모토내각(1913년 2월~1914년 4월)에서 하라는 내무대신, 미즈노는 내무차관을 맡았다.

한편 하라의 정우회 세력확장도 본격화되어 미즈노도 관료출신으로 차관급인 도코나미 타케지로(床次竹二郎)와 함께 하라의 권유로 정우회에 입당하였다. 미즈노는 하라와의 관계 속에서 내무관료에서 관료출신 정치가로 자리매김한다. 1916년 12월 성립한 데라우치내각은 하라 정우회의 지지 위에 내각을 조직했다. 이시기 미즈노는 내무차관이 되었고, 1918년 4월에는 내무대신이 되었다.

미즈노의 정무총감 기용은 하라와 미즈노의 공사의 친교 때문만은 아니다. 하라와 미즈노의 친교에 더하여 미즈노는 내무성을 중심으로 쌓은 인맥과 행정경험이 정무총감으로 최적임자로 발탁하게 된 것이다. 또한 1913년 6월부터는 식민지에 관한 통괄을 내무성에서 담당하게 되어 내무대신에게 조선에 관한 사무처리의 권한이 주어졌다. 미즈노는 내무차관과 내무대신으로 식민지조선 행정에도 직·간접적으로 관계한 경험을 가지고 있었다.[41]

이러한 미즈노의 정무총감 기용은 야마가타 아리토모도 지지하였다.[42] 야마가타는 미즈노와 하라가 가깝다는 것을 알고 있었을 것이다. 그러나

---

41) 稻葉継雄,「水野錬太郎と朝鮮教育」,『九州大學比較教育文化研究施設紀要』 46, 1994, 46~47쪽.
42)『原敬日記』, 1919년 8월 4일.

3·1운동 이후의 조선 개혁을 담당하는 데는 미즈노가 적격자라고 생각했을 것이다.

1919년 6월 27일 하라가 사이토를 방문하였다. 미리 다나카가 사이토를 조선총독에 기용한다는 것에 내락(內諾)을 받은 상태에서 하라는 사이토에게 미즈노의 정무총감 기용에 대하여 논의하였다. 사이토도 미즈노가 정무총감에 취임하기를 기대하였다. 사이토는 자신이 해군출신으로 조선지배에는 별로 도움이 되지 않기 때문에 내무관련 업무를 오랫동안 해왔던 미즈노가 일할 사람을 모을 수도 있어 효율적이라고 말하였다. 사이토가 직접 하라에게 정무총감으로 미즈노를 부탁한다고 말하였다.[43]

같은 날 하라는 사이토를 만난 다음 미즈노를 만났다. 그 자리에서 미즈노의 정무총감 취임을 부탁하고 내락을 받았다. 그리고 하라는 사이토와 미즈노를 만난 자리에서 "두 사람 모두에게 은밀히 부임 후의 개혁안에 대하여 깊이 생각하는 바를 미리 상의하고 또한 나의 대조선의견의 대요(大要)를 밝혔다"[44]고 하였다. 하라는 총독과 정무총감 임명전의 이른 단계부터 내각총리대신으로 조선총독과 정무총감에 대한 대조선정책의 방향성을 제시한 것이었다.

한편 미즈노는 정무총감으로 임용되는 것에 대하여 처음부터 받아들인 것은 아니다. 6월 27일 하라는 미즈노의 내락을 받았다고 했다. 그러나 미즈노가 말하는 정무총감 취임요청의 상황은 달랐다. 하라는 조선통치의 중요성과 미즈노 임용문제로 원로의 지지를 받았다는 점을 들어 취임을

---

43) 齋藤子爵記念會, 『子爵齋藤實伝』 卷2, 1941, 364~365쪽.
44) 『原敬日記』, 1919년 6월 27일.

설득했고, 미즈노는 고려해 보겠다고 했다.[45] 이후 미즈노는 7월 18일, 8월 6일 두 차례에 걸쳐 거듭 정무총감 임용사퇴의사를 하라에게 밝히고 있다. 그러나 하라는 사퇴불가를 강경히 주장하여 진정시켰다.[46] 미즈노가 임용 사퇴의사를 밝힌 시점은 위의 관제개혁과정에서 보았듯이 야마가타벌과 육군이 관제개혁을 무력화시키고 기존의 조선지배 틀을 유지하려는 움직임을 가속화시키고 있을 때였다. 그렇기 때문에 하라는 계속된 미즈노의 임용사퇴 요구에도 응하지 않고 미즈노의 임용을 끝까지 요구했던 것이다. 하라가 미즈노를 끝까지 고집한 것은 그의 조선에 대한 세력 확대와 조선개혁의 주도권 확보라는 점에서 미즈노가 반드시 필요했기 때문이다.

하라는 미즈노에 대하여 "나는 자네를 신임하고 있기 때문에 자네가 가지고 오는 인사에 대해서는 전적으로 동의하네. 다른 간섭은 하지 않을 작정이네. 그 점은 안심해도 좋네"[47]라고 하면서 조선개혁의 인적 주도권을 의미하는 조선총독부의 인사권을 미즈노에게 일임하였다. 한편 사이토도 "자신은 해군출신으로 문관방면의 사람은 한사람도 알지 못한다. 그렇기 때문에 인사는 모두 자네에게 일임한다"[48]고 하였다. 이것은 하라가 사이토의 총독임용에 찬성한 이유가 드러나는 대목이기도 하였다. 사이토는 조선에 어떠한 연고도 없고, 기존의 조선 지배를 담당했던 육군과도

---

45) 水野鍊太郎 著, 尙友俱樂部·西尾林太郎 編, 『水野鍊太郎回想錄·關係文書』, 山川出版社, 1999, 117~118쪽.
46) 『原敬日記』, 1919년 7월 19일, 8월 6일.
47) 朝鮮行政編輯總局 編, 『朝鮮統治秘話』, 1937, 12쪽.
48) 朝鮮行政編輯總局 編, 위의 책, 15쪽.

연고가 없는 관계로 미즈노에게 인사를 위임하는 것은 예상할 수 있었던 당연한 귀결이기도 하다. 미즈노는 하라와 사이토 양측에서 인사권을 위임받아 조선개혁에 착수할 수 있었다.

1919년 8월 8일 하라는 사이토와 미즈노를 불러 모임을 갖고, 또한 각료들에게도 소개하였다. 이 자리에서 "조칙 후, 나의 담화로서 발표할 안(案) 및 나의 조선통치사견을 각료 및 사이토, 미즈노 양인에게 내시(內示)하였다. 단 신문지 등에는 이 사건을 보여주지 않는 것으로 하겠다"49) 고 말하였다. 하라의 '조선통치사견'50)은 내각과, 조선총독, 정무총감에게 밝힌 조선통치에 관한 기본적인 지침에 해당한다. 사이토 총독과 미즈노 정무총감의 조선개혁은 하라의 영향 하에서 수행되었다고 볼 수 있다.

1919년 8월 16일 고다마(兒玉) 육군소좌가 총독부 출장소로 미즈노를 방문하여 신관제 공포를 확인하고 총독부 관제의 공포와 함께 육군성에서는 군령으로 총독에게 육해군의 통수권을 주고, 무관총독일 경우에 총독 예속 무관을 둔다는 것을 언급하였다.51) 앞에서 살펴본 것처럼 육군은 관제에서 삭제된 무관총독의 군대통솔권을 군령을 통해서 보완하려는 뜻을 지니고 있었다.

미즈노는 조선총독이 막료를 둔다는 것은 도리에 맞지 않기 때문에 사직도 할 수 있다며 강하게 반발하였다.52) 그리고 다나카 육군대신에게

---

49) 『原敬日記』, 1919년 8월 8일.
50) 김동명, 『지배와 저항, 그리고 협력』, 景仁文化社, 2006, 59~64쪽 참조.
51) 水野鍊太郎 著, 尙友俱樂部·西尾林太郎 編, 앞의 책, 124쪽.
52) 『原敬日記』, 1919년 8월 17일.

강하게 항의하였다.

미즈노는 군령에 의한 군대통솔권 반대논리를 추밀원의 조선총독부 관제논의에서 구하고 있다. 그는 3가지 반대 이유를 말하였다. 첫째 법률상 정부의 관제개정안 원안에는 무관총독일 경우 육해군을 통솔하고 예속 무관을 두는 것을 규정하였는데 추밀원의 논의과정에서 문관총독과 무관총독의 권한 차이를 문제 삼아 규정을 삭제하였다고 지적하였다. 추밀원 논의를 거쳐 발포한 관제를 군령으로 다시 변경하는 것은 법률상 문제가 된다고 지적했다.

둘째 군령은 관제개정의 취지를 망각한 것으로 다시금 추밀원에서 논의를 야기 시킬 것이며, 여론도 문제가 되어 정부를 곤란하게 할 것이기 때문에 반대했다.

셋째 조선통치상의 관점에서 반대했다. 개정관제의 골자는 총독무관제 폐지에 있는데, 문무관 모두 동일한 권한을 가져야 한다. 그런데 군령으로 무관총독일 경우 군 통수권을 주고 총독 예속무관을 둔다면 개정의 취지를 망각하는 것이다. 사이토 총독의 현역복귀도 이미 여론의 반대가 있는데, 종래의 무관총독과 동일한 권한을 주고, 더구나 이를 군령으로 정한다고 한다면 여론의 비난이 한층 강해질 것이다. 중앙정치는 물론, 조선통치에서도 총독의 막료인 무관이 행정상에 간섭하여 문관과 사이에 충돌이 일어나 여러 가지 장해를 보일 수 있다는 것이다.[53] 미즈노의 염려는 문무관총독의 권한 차이를 낳는다는 점과 함께 무관총독이 무관막료를

---

53) 水野鍊太郎 著, 尙友俱樂部・西尾林太郎 編, 앞의 책, 126~127쪽.

두게 되면 총독부에 문관 무관의 계통이 생겨 의견 충돌이 발생할 수 있어 통치에 문제가 야기될 수 있다는 점이다.54)

미즈노의 강한 반발에 다나카는 중재안을 내어놓았다. 미즈노가 지명하는 육해군의 막료를 두거나, 필요하지 않다면 막료와 부관을 두지 않기로 했다. 결국 무관총독의 군대통솔권은 사이토 총독에게는 부여하지 않고 필요한 시기에 부여하는 것으로 했다.55) 육군은 무관총독 시기와 같은 방식으로는 조선에서 영향력을 행사할 수 없게 되었고, 대조선 영향력도 축소되었다. 군대 통솔권을 상실하고 막료, 부관 등 독자적인 조직이 없어 사이토 총독은 더욱 위축되고, 군대와 분리된 조선총독부의 인사권을 장악한 미즈노가 총독부의 주도권을 장악하는 계기로 사용되었다는 측면도 생각된다.

미즈노는 새롭게 구성되는 총독부의 인사권을 확약 받고서 정무총감에 취임하였다. 이것은 하라가 바라는 조선총독부개혁을 실현하기 위한 기초이기도 하였다. 하라는 사이토 무관총독 하에서 육군의 영향력을 배제하면서 자신의 의향을 충분히 반영할 수 있는 미즈노를 실제적인 개혁의 주체로서 자리매김하게 하여 조선총독부의 개혁을 실현하려고 하였다.

---

54) 水野鍊太郎 著, 尚友俱樂部・西尾林太郎 編, 앞의 책, 124쪽.
55) 『原敬日記』, 1919년 8월 17일.

4 소결

　1919년 일본 정부내부의 정당세력과 야마가타벌의 대립과 타협은 식민지조선의 지배체제를 3·1운동을 기점으로 무단통치에서 문화통치로 전환시키는데 일정한 역할을 수행하였다.
　이 시기는 야마가타벌을 비롯한 번벌세력이 정치적으로 후퇴하고, 하라 다카시의 정당세력이 대두한 때이기도 하였다. 하세가와 요시미치 조선총독의 후임인사로 사이토 마고토가 결정되기까지 복잡한 정치과정을 거쳤다. 야마가타 아리토모는 조선에서의 군부지배를 계속하기 위해, 하라는 조선에서의 육군지배를 약화시키기 위해 각각의 입장에서 해군퇴역장군인 사이토를 선택했다.
　총독인사문제를 결정한 이후 조선총독부 관제개혁이 중심적인 문제로 부상했다. 관제개혁의 결과 야마가타벌과 육군의 실제적인 조선지배에는 그다지 변화가 보이지 않았고, 하라 내각총리대신은 식민지 조선에 대한 영향력을 행사할 수 있는 실제적이고 유효한 방법을 갖지 못했다.
　결국 하라는 미즈노 렌타로 정무총감 기용으로 조선개혁의 인적 기초를 장악하였다. 또한 미즈노은 군령에 의한 무관총독의 군대통솔권을 배제하여 조선통치에서 군부를 배제하려고 하였다. 미즈노는 인사권과 군부배제로 조선개혁의 기초를 만들었다. 불완전하지만 하라는 미즈노를 통하여 식민지조선에 대한 문화통치의 기초를 다지게 되었다.
　식민지조선에 대한 비선출세력의 절대적인 지위는 붕괴되고 하라로 대표되는 정당세력이 식민지조선에 대한 영향력을 확대하였다. 이것은 일본정계에 정당세력의 부상을 상징적으로 보여주는 것이기도 하였다.

참고문헌

서론

官田光史, 「選擧肅正運動の再檢討—政友會を中心に」, 『九州史學』 139, 2004.
宮崎隆次, 「戰前日本の政治發展と連合政治」, 『連合政治 I』, 岩波書店, 1984.
今井淸一, 『日本近代史』2, 岩波書店, 1977.
金原佐門, 『大正デモクラシーの社會的形成』, 東京大學出版部, 1967.
김종식, 「一九二〇年代內務官僚の政界革新論」, 『史學雜誌』 111-2, 2002.
本間恂一, 「選擧肅正運動をめぐる政党と官僚」, 『地方史硏究』 36-1, 1986.
杣正夫, 「選擧肅正運動の思想と役割(1-4)」, 『都市問題』 50-8~11, 1959.
三谷太一郎, 『大正デモクラシー論』, 中央公論社, 1974.
三谷太一郎, 『日本政党政治の形成』, 東京大學出版部, 1977.
松尾尊兊, 『大正デモクラシー硏究』, 靑木書店, 1966.
松尾尊兊, 『普通選擧制度成立史の硏究』, 岩波書店, 1989.
升味準之助, 『日本政党史論』3・4, 東京大學出版部, 1967-1968.
원지연, 「1930년대 일본 선거숙정운동의 재평가 -대중의 정치참가와 관련하여-」, 『전남사학』 18, 2002.
伊藤之雄, 『大正デモクラシーと政党政治』, 山川出版社, 1987.
河島眞, 「戰間期內務官僚の政党政治構想」, 『日本史硏究』 392, 1995.

1장

岡義武・林茂 校訂, 『大正デモクラシー期の政治—松本剛吉政治日記—』, 岩波書店, 1959.
國立國會圖書館憲政資料室所藏, 「普通選擧準備會を設立せよ」, 『後藤文書』.
『國民新聞』
今井淸一, 「小選擧區制の歷史的檢討」, 『歷史學硏究』 325호, 1967.
吉野作造, 『普通選擧論』, 萬朶書店, 1919.
內務省警務局, 「政治運動團條」.
內田嘉吉編, 『田健治郞傳』, 田健治郞傳記編纂會, 1932.
大日本帝國議會誌刊行會編纂發行, 『大日本帝國議會誌』 제8권.
『大阪每日新聞』

『大阪朝日新聞』
『東京日日新聞』
『東京朝日新聞』
『福岡日々新聞』
富田信男, 「日本普選運動史序說」, 『政經論叢』 29-4, 1960.
上杉愼吉, 「普通選擧論」, 『暴風來』, 1919년 11월.
上杉愼吉, 『普通選擧の精神』, 1925년 8월.
서동만 옮김, 『일본의 역사』, 이론과 실천, 1989.
『續現代史資料』, みすず書房, 1958.
松尾尊兊, 『大正期の政治と社會』, 岩波書店, 1970.
松尾尊兊, 『普通選擧制度成立史の硏究』, 岩波書店, 1989.
『松本親睦會雜誌』.
『信濃每日新聞』.
『新東洋』7.
『我等』
岸本英太郎, 「無政府主義の臺頭と日本社會党大會」, 『經濟論叢』 81-5.
伊藤隆, 『大正期「革新」派の成立』, 塙書房, 1978.
日本自治省選擧部編, 『選擧法百年史』, 第一法規, 1990.
「資料；普選物語」, 『長野縣近代史硏究』 6, 1974.
井上淸, 『日本の歷史』 上・中・下, 岩波書店, 1963.
井上淸・渡部徹編著, 『米騷動の硏究』 5권, 有斐閣, 1975.
『中央公論』
衆議院議員選擧法調査會, 『衆議院議員選擧法改正案ノ沿革』, 1923.
中塚明, 「大井謙太郞論」, 『歷史學硏究』 294호, 1960.
片山潛, 『片山潛著作集』 2권, 河出書房新社, 1960.
平野義太郞編, 『中村太八郞傳』, 日光書院, 1938.
鶴見祐輔, 『後藤新平』 四권, 後藤新平伯傳記編纂會, 1937.
『太陽』

2장

『國民新聞』.
宮司功編纂, 『選擧法規實例類輯』, 自治館發行, 1927.
『大阪朝日新聞』.
松尾尊兊, 『普通選擧制度成立史の硏究』, 岩波書店, 1989.

信夫淸三郞,『大正政治史』, 勁草書房, 1974.
伊藤之雄,『大正デモクラシーと政党政治』, 山川出版社, 1987.
衆議院事務局,『衆議院議事速記錄』第四五・四六卷(東京大學出版會, 1979).
衆議院事務局,『衆議院議員選擧法改正理由書』, 1925년 4월 6일.
衆議院・參議院編,『議會制度百年史』 10권, 議會制度編, 1990.
『樞密院會議議事錄』, (國立公文書館所藏).
坂千秋,「普通選擧法要綱」,『改造』普選特輯号.
橫山勝太郞監修,「第二護憲運動秘史(『憲政會史』付錄)」, 憲政會史編纂所, 1926.

3장

古川隆久,「政党內閣期の內務官僚」,『地域文化硏究』(廣島大學總合科學學部紀要), 21호, 1995.
『斯民』.
김종식,『근대일본 청년상의 구축』, 선인, 2007.
內政史硏究會,『後藤文夫氏談話第一回速記錄』, 1963년 7월.
農林省,「農山漁村経濟更生計畫樹立方針」, 1932년 12월 2일.
大內兵衛,『英國の勞働党について』권말,「新日本同盟會報」, 1925년 7월).
『大成』.
渡辺治,「日本帝國主義の支配構造―1920年代における天皇制國家秩序再編成の意義と限界―」,『民衆の生活・文化と変革主体』(『歷史學硏究』別冊特集), 1982.
『東京朝日新聞』.
杣正夫,「選擧肅正運動の思想と役割(2)」,『都市問題』50-9, 1959.
選擧肅正中央連盟,『選擧肅正第二次運動計畫の大要』, 1935년 11월.
選擧肅正中央連盟,『伍人組と部落常會』, 1937년 6월.
選擧肅正中央連盟,『昭和十年地方議會選擧肅正運動の實績調査』, 1936년 7월.
『新日本の建設』, 新日本同盟 간행 팸플릿, 1924년 12월.
「新日本同盟趣旨書」.
『新政』.
『安部郡時報』
伊藤隆,『昭和初期政治史硏究』, 東大出版會, 1969.
『人と人』.
田澤義鋪記念會,『田澤義鋪選集』, 1967.
田澤義鋪,『選擧肅正の意義と方法』, 選擧肅正同盟會, 1935년 6월.

『靜岡縣史 通史編五・近現代一』, 1996, 740-742쪽.
中央敎化団体連合會, 「國民更生運動要綱及綱領解說」, 1932년 9월.
坂野潤治, 『明治憲法体制の確立』, 東大出版會, 1971.
下村湖人, 『田澤義鋪』, 田澤義鋪記念會, 1954년 11월.
丸山鶴吉, 『七十年ところどころ』, 七十年ところどころ刊行會, 1955.

4장

松尾尊允, 「政友會と民政党」, 『日本歷史19』 近代6, 岩波書店, 1976.
伊藤之雄, 「「ファシズム」期の選擧法改正問題」, 『日本史硏究』 212, 1980.
伊藤之雄, 「護憲三派內閣の形成と展開」, 『政黨內閣の成立と崩壞』, 山川出版社, 1984.
『幹事會議事錄』.
『東京朝日新聞』.
『第一回 衆議院議員選擧革正審議會總會議事速記錄』, 國立公文書館.
『第二特別委員會 第五回特別委員會速記錄』.
『衆議院議員選擧革正審議會幹事會議事錄』, 國立公文書館.
『衆議院議員選擧革正審議會資料 其一』, 國立公文書館.
『衆議院議員選擧革正審議會 第二特別委員會議事錄』, 國立公文書館.
『衆議院議員選擧革正審議會 第二特別委員會 第二回特別委員會 議事速記錄』, 國立公文書館.
『衆議院議員選擧革正審議會 第二特別委員會 第二回特別委員會 議事錄』, アジア歷史資料センター.
『衆議院議員選擧革正審議會 第二特別委員會 第三回特別委員會議事錄』, アジア歷史資料センター.
『衆議院議員選擧革正審議會 第二特別委員會 第四回特別委員會議事錄』, アジア歷史資料センター.
『衆議院議員選擧革正審議會 第二特別委員會 第五回特別委員會議事錄』, アジア歷史資料センター.
『衆議院議員選擧革正審議會 第二特別委員會 第六回特別委員會議事錄』, アジア歷史資料センター.
『第四回衆議院議員選擧革正審議會總會議事速記錄』, アジア歷史資料センター.
『衆議院議員選擧革正審議會會議日誌』, 國立公文書館.

찾아보기

ㄱ

가타야마 센(片山潛) ········· 28
가토 다카아키(加藤高明) ········· 67, 75
가토 도모사부로(加藤友三郎) ······ 57, 65
결격조항 ················· 85
고이즈미 도모지로(小泉又次郎) ······· 50
고토 신페이(後藤新平) ············· 109
고토 후미오(後藤文夫) ···· 109, 125, 132
공민교육 ········· 99, 100, 101, 151
관동대지진 ················ 101
국가총동원 ·················· 54
국권주의(國權主義) ············· 26
국권주의자 ··············· 29, 30
국권주의적 ·················· 28
국민갱생운동(國民更生運動) ······· 137
국민당 ····················· 48
국민총동원 ·················· 55
국체(國體) ·········· 40, 52, 65, 81
군민동치(君民同治) ······· 52, 53, 91
군주국 ····················· 43
귀족원 ····················· 31
기요우라 게이고(清浦奎吾) ·········· 67

납세조항 ·················· 74
내무성 ···················· 146
노동당 ···················· 121
농산어촌경제갱생계획(農山漁村経濟更生計畵)
 ······················· 138
농촌갱생운동 ··············· 137

ㄷ

다나카 기이치(田中義一) ···· 54, 58, 114
다수당전횡 ················· 108
다자와 요시하루(田澤義鋪) ·········· 95
다카하시 고레키요(高橋是清) ········ 67
다키 마사오(瀧正雄) ············· 109
대역사건(大逆事件) ·············· 32
대의정치(代議政治) ·············· 41
덴 겐지로(田健治郎) ········ 51, 52, 58
도코나미 타케지로(床次竹二郎)
 ···················· 120, 145
독립생계자 ·················· 50
동양자유당(東洋自由党) ··········· 26

ㄴ

나카가와 켄죠(中川健藏) ········· 164
나카무라 타이하치로(中村太八郎) ······ 27
납세자격 ··············· 46, 50

ㄹ

러시아혁명 ·················· 23
러일전쟁 ················ 29, 30

ㅁ

마루야먀 쓰루키치(丸山鶴吉) ·· 110, 117
마에다 다몬(前田多門) ············ 116, 132
명정회(明政會) ························· 119
무산정당 ·································· 118
미노베 다즈키치(美濃部達吉) ····· 165
미우라 고로(三浦梧郞) ················ 67
민간교화단체 ··························· 168
민본주의(民本主義)
 ················ 36, 38, 39, 40, 53, 57
민정당 ···························· 118, 145, 145

ㅂ

번벌(藩閥) ································· 11
보선연맹간친회(普選聯盟懇親會) ········· 50
보수당 ···································· 121
보습교육 ································· 99
보통선거기성동맹(普通選擧期成同盟)
 ··· 26
보통선거기성동맹회
 ····················· 27, 29, 35, 38, 48
보통선거론
 ·············· 23, 29, 39, 54, 56, 59, 80
보통선거법 ······························· 95
보통선거법안 ············ 46, 47, 49, 83
보통선거찬성론 ························ 79
부락간담회 ···························· 139
부락상회(部落常會) ···················· 139
부인참정권 ······························· 84

ㅅ

사대사상 ································· 105
사이토 다카오(齋藤隆夫) ·············· 79
사이토 마코토(齋藤實) ··············· 176
사카이 도시히코(堺利彦) ············· 48
사회교육부문 ·························· 154
사회문제연구회 ························ 27
사회주의 ·································· 48
사회주의자 ··························· 29, 30
사회협동론 ······························· 42
삼당거부동맹 ··················· 114, 115
삼파보선위원회 ························ 69
삼파영수협의회 ························ 67
선거공영 ································ 149
선거구제(選擧區制) ··············· 45, 72
선거법개정조사회 ··················· 146
선거사무장 ························· 89, 90
선거숙정동맹회(選擧肅正同盟會)
 ············· 115, 116, 118, 127, 152, 154
선거숙정운동 ······ 114, 118, 120, 138
선거숙정위원회 ······················ 138
선거숙정중앙연맹(選擧肅正中央連盟)
 ····································· 139, 168
선거숙정회 ···························· 103
선거연령 ···························· 46, 47
선거위원 ································· 89
선거인명부 ······························ 86
선거조사회 ···························· 147
선거혁정 ································ 166
선거혁정심의회 ········ 148, 149, 157
선거혁정조사회 ······················ 147
선거회 ····································· 88
세키구치 이치로(關口一郞) ······· 110

세키야 류키치(關屋龍吉) ·············· 158
소국가주의(小國家主義) ·············· 135
소장자(少壯者) ························ 127
스즈키 기사부로(鈴木喜三郎) ········ 120
시노하라 에이타로(篠原英太郎) ····· 150
시마다 사부로(島田三郎) ·············· 46
시베리아출병 ··························· 37
신일본동맹 ········ 109, 111, 112, 132
신정(新政) ······················ 102, 114
신정구락부 ····························· 120
실업보습학교 ·························· 100
쌀소동(米騷動) ················· 23, 37
쓰루미 슌스케(鶴見祐輔) ······· 118, 119

ㅇ

아다치 겐죠(安達謙藏) ··············· 146
아등(我等) ······························· 55
아베 이소오(安部磯雄) ··············· 160
야마가와 히토시(山川均) ············· 48
야마가타 아리토모(山縣有朋) ···· 51, 54
야마모토 곤페이(山本權兵衛)
 ························· 58, 65, 112
야마자키 다즈노스케(山崎達之助)
 ·· 159
야스히로 도모이치로(安廣伴一郎) ··· 31
에기 타스쿠(江木翼) ·················· 148
오오스기 사카에(大杉榮) ············· 35
오오야마 이쿠오(大山郁夫) ·········· 36
오이 겐타로(大井憲太郎) ············· 26
오자키 유키오(尾崎行雄) ············· 46
오카다 케이스케(岡田啓介) ········· 168
와카즈키 레이지로(若槻礼次郎) ····· 75

요시노 사쿠조(吉野作造) ····· 36, 39, 61
우가키 가즈시게(宇垣一成) ········· 148
우시오 케이노스케(潮惠之助) ······· 162
우에스기 신키치(上杉愼吉) ·········· 55
우키타 가쓰타미(浮田和民) ·········· 36
원로(元老) ······························· 38
이노리 뵤다이(禱苗代) ················ 73
이누카이 쯔요시(犬養毅) ········ 58, 67
이치노미야 보지로(一宮房二郎) ··· 164
일본공산당 ······························· 48
입헌군주제 ······························· 81

ㅈ

자유당 ·································· 121
자유민권파(自由民權派) ·············· 25
자치정(自治政)의 정당화(政党化) ··· 123
자치행정의 실무화 ······ 124, 129, 137
장년단(壯年團) ············ 131, 135, 137
전국보선단행동맹(全國普選斷行同盟) ··· 49
전국보선연합회(全國普選連合會) ···· 47
정계혁신보선동맹회(政界革新普選同盟會)
 ··· 49
정계혁신운동 ················· 108, 120
정우본당 ······························· 104
정우회 ······················· 48, 114, 118
정우회내각 ······························· 45
정체(政體) ······························· 53
정촌의 참모본부 ·· 134, 135, 137, 138
정치교육 99, 102, 120, 150, 151, 165
정치교육단체
 ········ 127, 128, 152, 154, 155, 167
정치교육운동 ·························· 128

정치윤리화운동 ·············· 109
정치혁정운동 ················ 166
제1차 세계대전 ········ 23, 37, 52, 56
제1차 호헌운동(第一次護憲運動)
　············· 23, 68, 102
제삼제국(第三帝國) ·········· 35, 36
제한선거 ···················· 23
중립입후보운동 ·········· 117, 120
중립정당운동 ················ 120
중의원의원선거법 ·········· 23, 25
중의원의원선거조사회 ·········· 57
중의원의원선거혁정심의회총회 ····· 157
지멘스사건 ·················· 36
지방경제진흥책 ·············· 133
직접행동론(直接行動論) ········ 30

ㅊ

초기사회주의자 ·············· 28
추밀원 ················· 70, 71

ㅌ

특권세력 ·············· 36, 51, 65

ㅍ

평민신문(平民新聞) ············ 35

ㅎ

하라 다카시(原敬) ············· 38
하마구치 오사치(浜口雄幸) ······· 145
하마다 구니마쓰(浜田國松) ······· 78
하토야마 이치로(鳩山一郎) ······· 74
헌정의 상도론(常道論) ·········· 145
헌정회 ············ 47, 49, 49, 50
혁신구락부 ··················· 78
호즈미 야쓰카(穂積八束) ········· 31
호헌삼파 ·············· 68, 104, 114
호헌삼파내각(護憲三派內閣) ······ 65, 69
후타라 요시노리(二荒芳德) ····· 116, 132
히라누마 기이치로(平沼騏一郎) ····· 58

김종식(金宗植)

　　성균관대학교 사학과 졸업
　　일본 동경대학 대학원 일본문화연구과 석사, 박사(일본역사, 문학박사)
　　한양대학교 아태지역연구센터 전임연구원
　　현재 성균관대학교 사학과 BK21사업단 연구교수

■ 주요연구
「一九二〇年代內務官僚の政界革新論」(일본어)
「1919년 일본의 조선문제에 대한 정치과정」
『동북아 국가의 부패 - 문화, 구조, 정책』(공저)
『근대 일본 청년상의 구축』 등 다수.

1920년대 일본의 정당정치
　　　　　- 성립과 쇠퇴의 논리

초판인쇄　2007년　5월 11일
초판발행　2007년　5월 17일

저자　김종식
발행　제이앤씨

132-040 서울 도봉구 창동 624-1 현대홈시티 102-1206
전화　(02)992-3253
팩스　(02)991-1285
등록　7-220호
e-mail. jncbook@hanmail.net　│　http://www.jncbook.co.kr

• 저자 및 출판사의 허락 없이 이 책의 일부 또는 전부를 무단복제・전재・발췌할 수 없습니다.
• 잘못된 책은 바꿔 드립니다.

ⓒ 2007 김종식 All rights reserved. Printed in KOREA
　　ISBN 978-89-5668-510-6 93340　　　　　　　　　　　　　　정가 11,000원